Aus eigener
Kraft

Outdoor Literatur

# WEGWEISEND

### DER KOMPASS KARTEN VERLAG

Wanderkarten sind für Entdecker, Abenteurer und Menschen mit Tatendrang. Ob spontan aufbrechen oder mit einem klaren Ziel vor Augen, ankommen wollen wir alle. Dafür machen wir seit 1953 Outdoor-Produkte.

# Aus eigener
# Kraft

# BIKEPACKING

MARIE HAUSMANN / FRANK HÜLSEMANN / HEIDI KÜTTERER
FRITZ BORMANN / JOHANNA STUBAUER / BERNHARD ELSNER

# INHALTS
## VERZEICHNIS

# SEITE

# 6 KURZGESCHICHTEN VON 6 AUTORINNEN UND AUTOREN

### MARIE HAUSMANN

Spontan und meistens ohne großen Plan reist sie los mit dem Rucksack durch Nepal, Europa oder Lateinamerika. Dann kam die Idee, aufs Fahrrad umzusiedeln und die Welt aus einer anderer Perspektive zu erkunden.

### FRITZ BORMANN

Fritz belässt es am liebsten bei einer simplen Reiseplanung und findet unterwegs raus wo es ihn als nächstes hinzieht. Hauptsache draußen unterwegs, ob zu Fuß, auf dem Fahrrad oder mit dem Boot.

BIKEPACKING: 6 Kurzgeschichten die uns mitnehmen, vor die eigene Haustür oder aber in andere Kulturen auf weit entfernten Kontinenten. Es sind Einblicke in Situationen, die zwischen Hoch und Tief schwanken. Von strahlendem Sonnenschein zum nächsten Schneeschauer liegen nur wenige Zeilen. Der Weg von der Freude zum Frust manchmal so rasant wie eine Alpenabfahrt.

### FRANK HÜLSEMANN

Mit 13 zum ersten Mal mit Radtaschen gestartet, seitdem Orte erkundet die man sonst mit dem Fahrrad meidet. Ob vor der eigenen Haustür oder in der Mongolei auf fast 6000 Meter über dem Meer.

### HEIDI KÜTTERER

Als begeisterte Radfahrerin begibt sich Heidi allein auf eine aufregende Reise in den hohen Norden. Die vielen Höhenmeter, nassen Klamotten, Mücken und das tägliche Schwitzen werden sie von ihrer Reiselust nicht abbringen.

### JOHANNA STUBAUER

Sie ist jederzeit gerne draußen und setzt bei ihren Anreisen wo es auch geht stets auf öffentliche Verkehrsmittel. Weiter geht es dann zu Fuß, per Rad oder auf den Skiern.

### BERNHARD ELSNER

Seit er nach Innsbruck gezogen ist, entwickelte er sich zu einem echten Allrounder. Dann mit dem Gravelbike wagte er eine Transalp über Gletscher der Westalpen bis hin zum französischen Mittelmeer.

# UNISONO

**ES IST BESSER, ES PLATZT MAL EIN TRAUM, ALS DASS MAN GAR KEINE TRÄUME HAT.** Dieser Satz wird dem 88-jährigen Kurt Diemberger zugeschrieben, der zwei Achttausender als Erster erstiegen, das „höchste Filmteam der Welt" gegründet und faszinierende Bücher wie „Aufbruch ins Ungewisse" geschrieben hat. Dabei hatten die Träume der späteren Bergsteigerlegende ganz unspektakulär begonnen: Am Ufer der Salzach mit dem Aufsammeln von Kieselsteinen, denen der neugierige Jungforscher jedoch bald bis an ihre Ursprungsorte in den Alpen nachspürte.

**WAS TREIBT MENSCHEN IN DIE WILDNIS?** In die Weite der Welt? Auf vereiste Gipfel und in ferne Kulturen, auf Marathon-Touren oder in verregnete Nächte im Freien? Vielleicht jener unbeschreibliche Gefühlszustand, wenn es schon bei der Idee unter den Fingernägeln brennt, wenn unterwegs das Herz schneller klopft als sonst und sich an heiklen

Stellen ein Kribbeln im Magen bemerkbar macht: Kann ich es überhaupt schaffen? Lassen sich meine persönlichen Grenzen noch ein wenig hinausschieben? Gehe ich dabei ein zu großes Vabanquespiel ein?

**FRAGEN WIE DIESE** haben sich schon die Menschen der Steinzeit gestellt. Immer schon gab es Zeitgenossinnen und Zeitgenossen, die sich mit Althergebrachtem, Mittelmaß und Mainstream nicht zufrieden gaben; anders wären bahnbrechende Erfindungen und große Gedankensprünge ja gar nicht möglich gewesen. Doch spätestens seit der europäischen Epoche der Aufklärung sieht man die Natur nicht mehr nur als (Über-)Lebensraum. Forscher versuchten sie mehr und mehr zu ergründen, Künstler verwoben sie nach und nach ins Kulturelle, Abenteurer brachen darin eine Konvention nach der anderen. Bezeichnenderweise betitelte Sir Leslie Stephen ein 1894 erschienenes Buch über seine Alpenreisen „The Playground of Europe".

**DIESER SPIELPLATZ** umspannt mittlerweile die ganze Welt und zieht mehr Menschen an denn je. Manche träumen vielleicht von einer Ersteigung des Mt. Everest, Anderen reicht eine Wanderung vor der Haustür. In jedem Fall aber geht es darum, sich selbst physisch und psychisch richtig einzuschätzen, drohende Gefahren niemals zu unterschätzen und das eigene Können keinesfalls zu überschätzen. Auf der Suche nach spannenden Herausforderungen müssen ständig Entscheidungen getroffen werden, die oft weitreichende Auswirkungen haben.

**VON ALL DEM IST DIE REDE** auf den folgenden Seiten: Von atemberaubenden Touren ebenso wie von leicht übersehenen Details am Wegesrand, von gefährlichen Momenten und überraschenden Erkenntnissen, vom Aufbruch, vom Durchhalten und – ja, auch vom Scheitern. Es geht um die Konfrontation mit sich selbst und der eigenen Erwartungshaltung. Stärke zeigen die Protagonistinnen und Protagonisten in ganz unterschiedlicher Weise und in unterschiedlichen Situationen. Gerade darin liegt der Charme,   sie in Kontext zueinander zu setzen.

# UNISONO

**DER BEGRIFF UNISONO** stammt aus der Musik. Er bedeutet so viel wie „einstimmig" oder „einheitlich". Die eigenen Grenzen sind genauso individuell wie die Erzählstile der Autorinnen und Autoren. Gemeinsam haben sie die Einstellung Herausforderungen anzunehmen oder diese erst für sich zu schaffen.

**REIZ UND INTERPRETATION.** Ein Buch mit diesen unterschiedlichen Erfahrungen und Lebenssituationen birgt sowohl einen Reiz, als auch Platz für die individuelle Interpretation der Abenteuer mit sich. So unterschiedlich die Herausforderungen sind, der gemeinsame Nenner ist „es aus eigener Kraft" zu schaffen. Es wird einem Anstrengung, Ausdauer, Durchhaltevermögen, Kreativität und Reduktion abverlangt. Es macht aber auch das Erreichen von Zielen, das Ankommen unvergleichlich. Ein Gefühl, das man nur kennt, wenn man verschwitzt ist, wenn die Beine wehtun oder man Blasen an den Füßen hat. Ein Gefühl, das man nicht vergisst.

**GRENZEN** werden nicht nur die der ProtagonistInnen erwähnt, sondern auch die von Ländern und Staatsgebieten, die umstritten sind. Schriftlich wurde diesbezüglich keine Anpassung an den Texten der AutorInnen vorgenommen. Weder die Texte noch die Kartendarstellung sollen eine Aussage zur völkerrechtlichen Lage darstellen, sondern lediglich dem Verständnis und dem Nachempfinden der Erzählungen helfen.

### DIE BELOHNUNG
für Schweiß und Durchhaltevermögen
sind unkäufliche Momente.

# AUFBRECHEN

um Hindernisse zu überwinden und Neues zu entdecken

Von Spanien über Marokko nach Südamerika

# AUF DER JAGD NACH
# WÜSTEN UND
# GEBIRGEN

**1000** Begegnungen
**2,5** Wüsten
**163** Tage

# AUF NACH SÜDAMERIKA

## MARIE HAUSMANN

Spontan und meistens ohne großen Plan reiste sie zwischen Abitur und Geographie-Studium mit Rucksack durch Nepal, Europa und Lateinamerika. Nach zwei Wintern als Skilehrerin, vielen Wanderungen und einigen Volunteer- und Aushilfsjobs kam die Idee, aufs Fahrrad umzusiedeln.

### DIE IDEE

Wie kommt man überhaupt auf die Idee, alleine durch Südamerika zu radeln? Nun ja… Eines vorweg: Ich bin naiv und neige sehr zu spontanen Planänderungen. Nachdem ich den letzten Winter Skikurse gegeben habe und etwas angespart hatte, wollte ich mit dem Rucksack Südamerika bereisen. Ich fuhr zuerst mit einem Kumpel in seinem Van nach Spanien und wanderte dort einige Wochen auf dem Jakobsweg, bis mein Flug von dort nach Santiago de Chile ging. Mit immer wieder kleineren Volunteerjobs in Gasthäusern und zwischendurch vielen Wanderungen und Ausflügen wollte ich mich durch die Gegend schlagen. So der eigentliche Plan. So reiste ich also mit Öffis und teils per Anhalter durch Chile und Argentinien bis ganz in den Süden nach Feuerland, um dort auf einer Hütte eine Weile zu bleiben und gegen Kost und Logis als Bedienung zu helfen. Die Tage im patagonischen Winter waren kurz, und obwohl ich nur 5 Stunden am Tag arbeitete, bekam ich kaum etwas vom Tageslicht und der Landschaft, wegen der ich eigentlich hergekommen war, mit. Zum einen kam etwas Langeweile auf, zum anderen aber auch der Drang, mehr erleben zu wollen und etwas auf eigene Faust zu machen. Nicht immer abhängig zu sein von Busverbindungen, Volunteerjobs und Übernachtungspreisen in Hostels. Die Idee, mit dem Fahrrad zu reisen, hatte ich schon länger. Von meinem Umfeld in Deutschland wurde es schnell als „zu unrealistisch" und ich als „nicht Fahrradfreak genug" eingestuft. Ich ließ mich also von dem Gedanken wieder abbringen und beschloss, vielleicht doch lieber mit dem Rucksack zu reisen. Zu Fuß und mit Öffis war ich ja ohnehin flexibler, redete ich mir ein. Doch vor dem Kaminfeuer auf der Hütte in Patagonien kam die Idee wieder auf und die langen Nachmittage weckten Tatendrang. Ich beschloss, die nächsten Wochen langsam bis nach Buenos Aires zu reisen und wenn die Idee dort immer noch stand, wollte ich sie in die Tat umsetzen. Ich erzählte einigen Menschen, denen ich begegnete, von meinem Vorhaben, fragte nach Tipps und Routenvorschlägen. Völlig begeistert schauten die meisten auf Karten nach oder empfahlen mir Strecken, die sie selbst mal geradelt sind. Hier in Südamerika, weit weg von der typisch europäischen Bedachtheit, kam mir meine Idee gar nicht mehr so abwegig vor.

In Buenos Aires suchte ich mir im gängigen Online Marktplatz ein Fahrrad und Taschen zusammen. Da mein Reisebudget zum einen beschränkt war und ich es zum anderen für möglich hielt, doch nicht so viel Spaß am Radreisen zu haben, entschied ich mich für eine sehr einfache Ausrüstung. Den Rucksack, mit dem ich bisher unterwegs war, lud ich oben auf die Fahrradtaschen, darüber die Isomatte. Einen kleinen Hüttenschlafsack und eine dünne Decke hatte ich bereits. Ich suchte also neben einem Zelt noch nach einem weiteren Sommerschlafsack. Stimmchen in meinem Kopf sagten mir, dass andere in meiner Situation wohl langfristiger geplant hätten und eher in einen warmen Schlafsack investiert hätten, als in zwei Hochsommerschlafsäcke und eine Decke (kleiner Spoiler: schon bald waren es zwei Decken). Aber ich wäre nicht ich, wenn ich beim Packen in Deutschland schon gewusst hätte, dass die Südamerikareise irgendwann mit Fahrrad und Zelt weitergehen würde. Noch etwas vorweg: Ich war zu dem Zeitpunkt absolut nicht in der Radreisecommunity und hatte auch keine Ahnung, dass es unzählige Facebookgruppen gibt, auf denen das Thema Equipment totdiskutiert wird. Auch das Wort „Bikepacking" war mir mehr als fremd. Ich hörte auf die Leute, die mir bei den unzähligen Mate-Nachmittagen ihre (Halb-)Weisheiten über ihre Wochenendtouren verrieten. Aber ganz ehrlich: hätte ich mich ausrüstungstechnisch mehr

DIE TOUR

CUSCO

TRINIDAD

JULIACA

PUNO                EL ALTO

AREQUIPA            LA PAZ            QUILLACOLLO        MONTERO
                                     COCHABAMBA
ARICA               ORURO            SACABA
                                                        SANTA CRUZ
                                                        DE LA SIERRA

                                     SUCRE

IQUIQUE

                                     POTOSÍ

                                     TARIJA

                    CALAMA

ANTOFAGASTA

                    SAN SALVADOR
                    DE JUJUY

                    SALTA

                                     SAN MIGUEL DE
COPIAPÓ                              TUCUMÁN

                    SAN FERNANDO     LA BANDA
                    DEL VALLE DE
                    CATAMARCA        SANTIAGO
                                     DEL ESTERO

COQUIMBO            LA RIOJA

LA SERENA

                    SAN JUAN

                                     CÓRDOBA

0        200        400 km

ins Thema reingelesen, dann hätte ich mich zwischen der ganzen hightech Ausrüstung nie getraut, mit einem 200€-Rad zu starten. Im Endeffekt stellte sich die Einfachheit des Rads und der Fakt, dass ich keine allzu große Panik vor Dieben hatte, als meistens (!) perfekt dar. Auch hatte ich keine Angst davor, an meinem Fahrrad Ernie irgendwelchen Bastel- und Verschweißungsaktionen zur Verfügung zu stellen. Aber dazu später mehr.

**START: DIE PAMPA, PLATTE REIFEN UND VIEL GASTFREUNDSCHAFT**
Um nicht mitten in der Pampa und auf autobahnähnlichen Straßen starten zu müssen, entschied ich mich, im Bus mit Fahrrad im Gepäck nach Córdoba zu reisen, und von dort in Richtung Norden zu starten. Nachdem ich zwei Nächte auf einem Zeltplatz übernachtet hatte und am nächsten Morgen fast zwei Stunden damit beschäftigt war, alles wieder am Fahrrad zu befestigen (einpacken ist das falsche Wort), startete ich allmählich. Die meiste Zeit des ersten Tages verbrachte ich damit, eine Straße zu finden, auf der ich die Stadt lebend verlassen konnte, ohne im südamerikanischen Großstadtverkehr Nahtoderfahrungen sammeln zu müssen. Dass Córdoba eine Millionenstadt ist, hatte ich wohl erfolgreich verdrängt. Kaum aus der Stadt raus, merkte ich, wie irgendwas am Rad komisch war – ein platter Reifen. Ich machte es mir also am Straßenrand bequem und versuchte mir das Flicken beizubringen. Sowas in der Art muss ja eigentlich am ersten Tag passieren, dachte ich mir. Auf dem Weg in die nächstgrößere Ortschaft hatte ich nochmal einen Platten – dann ist das wohl so. Ich nahm mir vor, mich über solche Dinge nicht zu sehr zu ärgern. Zeitdruck hatte ich ja sowieso nicht.
Ich war völlig begeistert von dem Gefühl, ab jetzt unabhängig von jeg- lichen motorisierten Fortbewegungsmitteln reisen zu können. Am ersten Tag fragte mich ein Mann, wo ich denn hinwolle. „So grob in Richtung Norden", meinte ich. Auf die Frage, wohin denn genau, musste ich über- legen. Brauche ich eigentlich ein Ziel? „Hm, in Richtung Bolivien", ant- wortete ich. „Quatsch, das geht nicht. Das wird viel zu bergig" sagte er mir. „Ach mal schauen. Alles ganz gemütlich", erwiderte ich. Nun hat- te ich wohl also ein Ziel. Ich musste ja nicht schnell fahren, auch nicht den ganzen Tag auf dem Rad sitzen. Bolivien zu erreichen wäre doch ein cooles Projekt. Nach einem weiteren platten Reifen kam ich völlig fertig an meinem Zielort an. Alles tat weh, und ich fragte mich, ob ich irgendwas völlig Selbstverständliches grundlegend falsch machte, dass ich ständig platte Reifen hatte – kann das sein? Eigentlich ja nicht... Daheim

in Deutschland war ich ja auch viel mit dem Rad unterwegs und hatte nie solche Probleme. Erstmal schauen, wie es so weitergeht, dachte ich mir. Die ersten Tage traute ich mich absolut nicht, frei zu zelten, und plante jeden Abend akribisch bereits den übernächsten Tag. Die Streckenplanung an sich war einfach. Kreuzungen kamen nur alle paar Tage, und so folgte ich die ersten Wochen einer Straße, die nordwestlich schräg in Richtung der Anden führte. In den Dörfern und Städtchen, durch die ich fuhr (etwa zwei am Tag), unterhielt ich mich mit den Menschen, wurde auf Mate-Nachmittage eingeladen, tauschte mit vielen Menschen Kleidung oder sonstiges Zeug, was ich jetzt zum Fahrradfahren nicht mehr brauchte (meist Straßen- gegen Sportklamotten) und genoss mein neues Leben mit Fahrrad und Zelt. Auch die Empanadas genoss ich gefühlt tausend Mal mehr als noch zu Rucksackzeiten. Ich fragte mich, ob und wann ich einen

Unterschied in der Kulinarik feststellen könnte. Würden mir Unterschiede in den spanischen Dialekten irgendwann auffallen? Ich reiste auf einmal völlig ohne Erwartungen. Oder war es doch ein langsamer, eher unmerklicher Übergang, den man in Fahrradgeschwindigkeit nicht bemerkt? Solche und viele andere Gedanken gingen mir durch den Kopf. Ich erwartete nicht, dass ein Ort schön war, das Wetter gut, die Menschen gastfreundlich, oder die Reifen mal nicht platt sind. Ich ließ alles auf mich zukommen.

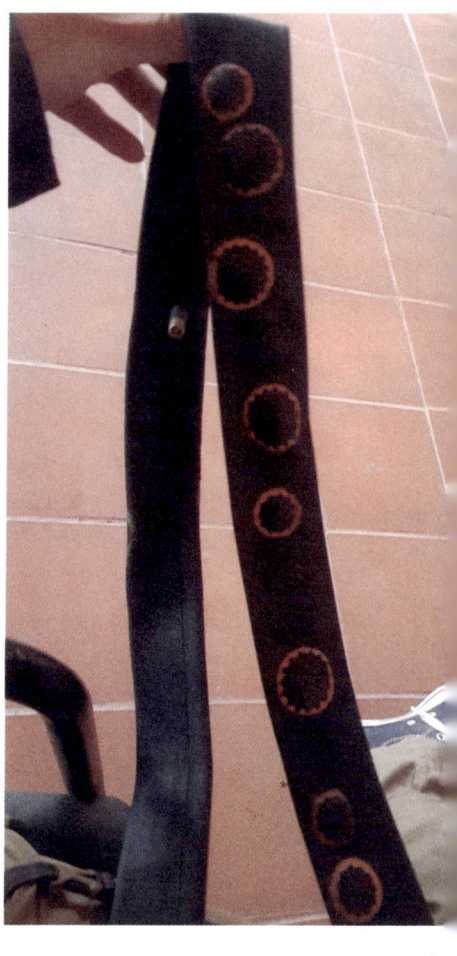

Schon nach einigen Tagen entwickelte sich so etwas wie einen Alltag: aufwachen, aufstehen, sobald die Temperatur es zulässt, den Schlafsack verlassen, packen, radeln, an einem (wenn vorhanden) schönen Ort frühstücken, und dann schauen, was der Tag so bringt. Ich fragte mich, ob ich jemals anderen Radreisenden begegnen würde. Mein Kumpel, der das Jahr zuvor von Mexiko aus in Richtung Süden gefahren ist, berichtete ständig von anderen Radreisenden, fast schon von einer Community in Lateinamerika. Davon spürte ich absolut nichts. Doch eines schönen Tages sah ich eine unförmige Gestalt dem flachen Horizont entgegenkriechen. Durch das Gepäck brauchte ich ewig, um zu verstehen, dass es sich hierbei ebenfalls um eine Radreisende handelt. Sie war seit zwei Jahren unterwegs und ist von Buenos Aires bis nach Mexiko geradelt und war nun wieder auf dem Heimweg. Wir unterhielten uns ewig, und ich war beim Weiterfahren völlig beflügelt vom Gedanken, nicht die einzige Irre hier zu sein. Bis nach Bolivien zu fahren, schien mir kein großes Ding mehr zu sein. Etwas später traf ich an einer Tankstelle einen Mann, der dort gerade sein Zelt aufs Motorrad packte. Er erzählte mir, dass es ein absoluter Geheimtipp sei, an Tankstellen zu zelten: es gäbe Wasser, Toiletten, manchmal Duschen, und manchmal war sogar ein Raum frei, in dem man übernachten könne. Der Gedanke, an einer Tankstelle zu übernachten, bereitete mir noch etwas Unbehagen, doch zumindest als Notlösung behielt ich die Idee im Kopf. Die beiden, denen ich begegnete, waren völlig tiefenentspannt. Sie zogen ihr Ding einfach so durch, ohne große Bedenken. Da war ich irgendwie noch ein ganzes Stück von entfernt.

Nein, das Platte-Reifen-Problem hatte sich noch nicht gelöst. Mindestens einmal täglich saß ich am Wegesrand und flickte den Reifen. Mittlerweile hatte ich kleine Dornen als Auslöser identifiziert und war etwas beruhigt, dass das Problem nicht direkt bei mir lag. Gefühlt kaufte ich in jeder etwas größeren Ortschaft massenweise Flicken und den ein oder anderen Ersatzschlauch und kam mir jedes Mal super pessimistisch dabei vor. Die Tage darauf stellte ich aber doch fest, dass die Massen absolut nötig waren. Ich träumte sogar schon von den Fahrradschläuchen und fragte mich, ob ich überhaupt einen Tag erwischen würde, an dem alles reibungslos verlief. Die Menschen, denen ich begegnete, waren oft höchst interessiert an meiner Tour. Eine Gruppe Rennradfahrer, der ich begegnete, war so begeistert von der Aktion, dass sie mich später zum Grillen und Matetrinken einluden. Es war ein witziger Nachmittag, typisch argentinisch am Straßenrand sitzend, in geselliger Runde über Gott und die Welt quatschend. Einer der Rennradler hatte ein Geschäft für Fahrradzubehör und bestand darauf, mich mit Radltrikot, Sonnenbrille und Ersatzschläuchen auszustatten. „In diesen Wanderklamotten kannst du ja nicht rumfahren", war seine Begründung. Recht hatte er ja – dennoch fühlte es sich falsch an, mir einfach so völlig neue Sachen schenken zu lassen. Doch diskutieren hatte keinen Sinn. Gegen das Argument, dass es für sein Geschäft ja auch Werbung war, wenn ich mit dem Trikot durch die Gegend fuhr, konnte ich nichts mehr sagen. Wir unterhielten uns noch lange über die besten Routen und kamen in Gedanken sogar bis nach Mexiko.

Mittlerweile war ich schon rund zwei Wochen unterwegs, und allmählich ließen sich Berge im Horizont erkennen. Die Landschaft wurde vielseitiger und der Straßenverkehr ruhiger. Vor einem kleinen Städtchen hatte ich einen kleinen Zeltplatz angesteuert, der jedoch nicht bewirtet zu sein schien. Ich baute das Zelt auf und während ich noch dabei war, kam ein

Auto angefahren, ein Mann stieg aus und wir unterhielten uns. Als ich sein Angebot, doch ein Stück mit ihm im Auto mitzufahren ablehnte, wurde er mir immer unsympathischer und aufdringlicher. „Was willst du hier überhaupt? Warum fährst du nicht einfach weiter?", fragte ich ihn. Als er mir darauf keine klare Antwort geben konnte, beschloss ich, meine Sachen wieder zu packen und mir in der Stadt eine Unterkunft zu suchen. Halb froh, dass Zivilisation in erreichbarer Nähe war, und halb wütend auf den Typen steuerte ich ein kleines Gasthaus an. Wie dumm, dachte ich mir. Im Nachhinein schien mir jeder Ort zum Zelten sicherer zu sein, als ein nicht bewirtschafteter Zeltplatz. Wildzelten ist sicher, sofern es keine Unwetter gibt und man sich einen gut versteckten Platz sucht. Ein Zeltplatz ist sicher aufgrund der Nähe zur Zivilisation. Auf einem Dorf bei einer Familie im Garten oder auf dem Feld ist es sicher wegen mangelnder Anonymität. Aber ein leerer Zeltplatz vor einer Stadt? Hier ist man weder versteckt noch unter Menschen, weder wirklich in der Zivilisation noch in der Wildnis. Ich nahm mir vor, weniger naiv zu sein. Zwar funktionierte mein Bauchgefühl recht gut – aber dennoch war es auf so einer Tour sicher nur eine Frage der Zeit, bis etwas Blödes passierte. Ich nahm mir vor, mehr Vorsicht walten zu lassen. Am Abend telefonierte ich mit dem Kumpel, der selbst schon in Südamerika auf großer Fahrradtour war. Er erzählte mir, dass er immer super Erfahrung damit gemacht hatte, bei den *bomberos voluntarios*, der freiwilligen Feuerwehr in kleinen Ortschaften, zu übernachten. Dort waren immer Betten frei, und es würde für sie absolut keinen Unterschied machen, ob da nun noch wer übernachtet oder nicht. Im Gegenteil, die Feuerwehrmenschen waren meist sogar höchst interessiert an den Geschichten, die er so mitbrachte. Diese Option wollte ich mir ebenfalls im Hinterkopf behalten.

Die folgenden Tage wurde die Landschaft felsiger und spektakulärer. Der Gegenwind, mit dem ich die ersten Wochen zu kämpfen hatte, wurde durch Steigung ersetzt. Damit konnte ich gut leben. Ich hatte weder das Ziel schnell unterwegs zu sein noch mich völlig zu verausgaben. Ich kroch so durch die Landschaft und fragte mich, wie es wohl hinter dem nächsten Berg aussah. Während ich vor der Reise noch sportlichen Ehrgeiz hatte, und mich damals in Deutschland beim Sport stets verausgabt hatte, schaltete ich hier in Südamerika wie intuitiv in den Energiesparmodus. Wenn ich es einen Tag übertrieb, dann war ich am nächsten Tag Matsch. Auch war die nächtliche Erholung im Zelt nicht die gleiche wie in einem Bett. Obwohl ich mir absolut keinen Zeitdruck machte, waren es doch kleine Highlights, abends auf der Online-Karte einen Punkt zu setzen, herauszuzoomen und mit der Zeit zu sehen, wie sich die einzelnen Punkte allmählich zu einer Linie in und durch die Anden zusammensetzte. „Argentinien ist so riesig, da wirst du ewig brauchen, bis sich die Landschaft wirklich ändert". Ich wusste gar nicht, ob mir der Satz mal gesagt wurde, oder ob er einfach so in meinem Kopf war. Doch jetzt wurde der Fels bunter, und als ich mich nach einiger Zeit schon daran gewöhnt hatte, mit wenigen km/h und vielen Pausen bergauf zu kriechen, kamen mir zwei andere Radreisende glücklich entgegengedüst. Ganz mitleidig sagten sie mir, dass es noch etwa 70 Kilometer nur bergauf ginge. Sie, und auch ich selbst, waren völlig überrascht von meiner Gelassenheit. Ich hatte weder darüber nachgedacht noch mich aktiv darüber informiert, wie weit es noch bergauf gehen würde. In meinem Kopf ging es noch unendlich so weiter und das wäre auch völlig in Ordnung gewesen, angesichts dessen, dass ich die Landschaft genoss, und dass es auf der kleinen Straße, man könnte es fast eine Bergstraße nennen, kaum Autoverkehr gab. Fairerweise muss jedoch dazugesagt werden, dass Bergstraßen in Argentinien, zumindest nach meinem Gefühl, selten so steil gebaut waren wie in Europa. Bergstraßen zu fahren, schien hier weniger ein Kraft-, sondern eher ein Geduldakt zu sein.

## DIE ANDEN

Ich steuerte auf die Ruta 40 zu, eine Straße die quer durchs Land führt, und in Argentinien bekannt dafür ist, perfekt für Roadtrips und Fahrradtouren zu sein. Vermutlich lag es auch an meiner Einbildung, aber auf der Straße fühlte es sich etwas so an wie in einer neuen Welt zu sein. Zwar doch eher spärlich, aber hin und wieder gab es kleine Gasthäuser und gemütliche Zeltplätze. Es war eine riesige Erleichterung, sich keine großen Gedanken mehr um Schlafplätze machen zu müssen. Auch wenn ich gerne mutig genug wäre, einfach irgendwo zu zelten und ruhig schlafen zu können – noch hat das bei mir nicht stattgefunden. Gerade am Anfang der Tour, als ich noch regelmäßig an größeren Ortschaften vorbeigekommen war, habe ich Zeltplätze oder manchmal auch kleine Gasthäuser angepeilt. Nach ein paar Wochen habe ich mehr und mehr eine Handy-Karte verwendet, auf der schöne (oder passable) Plätze zum Wildzelten angezeigt werden. Zu groß war bisher die Panik, bis zur Dunkelheit noch keinen Schlafplatz gefunden zu haben. Zumal Argentinien landwirtschaftlich auch stark genutzt wird und es mir in den bisherigen Regionen schwierig erschien, zwischen den Feldern ein zeltbares und windstilles Fleckchen zu finden. Auch begegnete ich hier täglich mindestens einmal anderen Radreisenden und genoss es, mich mit ihnen auszutauschen und nicht gleich als verrückte Fremde wahrgenommen zu werden. Irgendwie war es bereichernd, sich mit Leuten auszutauschen, die das gleiche machen und ähnlich denken. Jeden Zeltplatz wählte ich weise. Ich lernte, mich und auch äußere Gegebenheiten, wie die Menschen, denen ich begegnete, oder den Wind, besser einzuschätzen. Soweit möglich hörte ich auf meinen Körper und hörte auf, sobald ich müde wurde. Ehrlicherweise war dies in der Realität doch selten möglich, da Wind und Landschaft mich häufig doch dazu veranlassten, mich in die nächste Ortschaft zu schleppen. Als ich eines schönen Nachmittags am Straßenrand saß und den Schlauch flickte (diesmal hatte die Hitze ihn wohl platzen lassen), hielt ein alter und bunt bemalter Bus, und die sehr freundliche und entspannt wirkende Frau bot mir an, mich doch bis in die nächste Stadt mitzunehmen. Sie reiste mit Mann und Kind in einem alten Schulbus durch Argentinien. Ich nahm das Angebot gerne an. Am Abend machten wir Pizza, und da sie auch etwa 80 km am Tag fuhren, verabredeten wir uns auch für den nächsten Nachmittag am Zeltplatz. So fuhren wir für einige Tage parallel zueinander, die Familie im Bus und ich auf dem Fahrrad.

Unerwartet schnell kam ich an die Grenze zu Bolivien. Fast drei Monate hatte ich in Argentinien verbracht, erst mit dem Rucksack in Patagonien, dann fast von heute auf morgen mit dem Fahrrad in der Pampa und dann in den Anden. Ich wurde ein bisschen traurig, als mir bewusst wurde, wie sehr ich das Temperament der Leute hier vermissen würde. So entspannt, weltoffen und ehrlich wie in Argentinien habe ich Menschen nur selten erlebt. Überhaupt mit dem Fahrrad so eine Tour zu starten – woanders als hier, umgeben von herzlichen und tiefenentspannten Menschen, hätte ich mich das wohl nie getraut. Mir wurde auch bewusst, dass ich mein Ziel, das ich spontan am ersten Tag formulierte, ja erreicht hatte. Mir war völlig klar, dass die Tour noch weit davon entfernt war, bald vorbei zu sein. Ich freute mich riesig darauf, was mich in Bolivien wohl erwarten würde.

### SALAR DE UYUNI
Die absoluten Hot Spots unter Radreisenden in Südamerika sind die sogenannten *Casas del Ciclista*, Unterkünfte, in denen man kostenlos ein paar Tage oder auch Wochen bleiben kann und die Ruhe vor oder nach dem Sturm genießen kann. Geführt werden sie meist von ehemaligen Radreisenden, die heute in ihren Wohnungen etwas Platz frei haben und ihre Gäste auf Isomatten dort übernachten lassen. In Uyuni, der Stadt an der bekannten bolivianischen Salzwüste, steuerte ich ein solches

*Casa del Ciclista* an. Die meisten Leute dort hatten die Salzwüste bereits durchquert und berichteten mir von verschiedensten Erfahrungen. Die einen waren völlig begeistert von der endlosen Weite, die nächsten fanden es absolut langweilig und seien zwischenzeitig fast durchgedreht vor Orientierungslosigkeit. Wieder andere schenkten mir ganz pragmatisch einen großen Stein, um das Zelt irgendwie aufspannen zu können, da man im Salz nicht wirklich Heringe befestigen könne. Reifenspuren, die in eine Richtung führten, und an denen man sich orientieren könnte, wenn der Handyempfang mal aussetzt, würde man jedoch schnell finden, wenn man sie sucht.

So startete ich nach ein paar Tagen in Uyuni also in Richtung Wüste. Auf den ersten Kilometern der Straße, vor Beginn der eigentlichen Salzfläche, waren die Straßenschilder zugeklebt mit irgendwelchen Aufklebern von Reisenden, die sich hier wohl verewigen wollten. Der Ort schien mir völlig unwirklich. Die letzten Wochen bin ich durch kleine Dörfer, mit mir gegenüber eher verschlossenen Menschen zu fahren. Von Tourismus oder gar Veranstaltungen, die größer als ein Dorffest waren, war nirgends nur ein Hauch zu spüren. Hier gab es keine Dörfer, dafür aber ein riesiges, luxuriöses Salzhotel und einige Jeeps, die Backpackerinnen und Backpacker in die Wüste brachten. Was Tourismus nicht alles macht, dachte ich mir. Nach etwa einer halben Stunde auf dem Salz stellte ich jedoch fest, dass sich die Massen, die ich anfangs sah, wohl gut verteilten. Nach etwa zwei Stunden begegnete ich niemandem mehr. Hin und wieder sah ich am Horizont ein Auto streifen. Das war's dann aber auch. Schon etwas unheimlich, dachte ich mir. Jetzt durfte am Fahrrad nichts kaputt gehen, jetzt durfte auch mir auf keinen Fall etwas passieren. Ich steuerte eine Insel an, die mir von anderen Radlern aus dem *Casa del Ciclista* zum Übernachten empfohlen wurde. Andere empfahlen mir zwar, dass es auch eine tolle Erfahrung sei, mitten auf der Salzebene zu zelten – irgendwie fühlte sich der Gedanke daran aber doch eher komisch an. Nach einem langen Mittagstief, in dem ich kaum Kraft hatte und so über das Weiß kroch, kam meine ganze Energie am Abend wieder zurück. Ich fuhr dem Sonnenuntergang entgegen und konnte am Horizont ein Stück Land erahnen. Mir war klar, dass ich es wohl kaum im Hellen bis zur Insel schaffen würde. Das war mir in dem Moment aber egal. Ich fühlte mich unglaublich frei und unabhängig und genoss die Farben des Sonnenuntergangs, nachdem ich den ganzen Tag nur weiß und hellblau gesehen hatte, umso mehr. Während ich mich am Mittag fast dazu zwang, die Landschaft zu genießen, weil ich so etwas

wohl nicht nochmal sehen würde, vergaß ich am Abend ganz die Zeit und spürte völlige Euphorie. Zur späten Dämmerung kam ich bei der Insel an. Als ich feststellte, dass sie voller Kakteen war und ich hier keinen platten Reifen oder ein löchriges Zelt riskieren wollte, entschied ich mich, an der Küste zu zelten, wo noch keine Kakteen wuchsen, wo man aber doch das Zelt aufspannen konnte. Ich nahm mir vor, in der Nacht nochmal aus dem Zelt zu gehen und mir ganz kitschig den Sternenhimmel anzuschauen – das habe ich wohl verschlafen. Stattdessen weckte mich in der Nacht ein unglaublicher Lärm, als würden Lastwagen nur wenige Meter an mir vorbeifahren. Leicht panisch schaute ich aus dem Zelt und war beruhigt, als ich weit in der Ferne die Autolichter sah. Klar nahm ich Geräusche jetzt vielleicht viel intensiver wahr. Den ganzen Tag über herrschte für mich Stille. Ich kroch also wieder ins Zelt. Ich hörte immer wieder den Lärm und wurde immer wieder aus dem Halbschlaf gerissen. Immer wieder schaute ich heraus, um sicher zu gehen, dass auch niemand auf mich und das Zelt zufuhr – obwohl das so nah an der Insel ja sowieso unrealistisch war. Viele Lastwagen fuhren ohne Licht, stellte ich fest. Wie gruselig. An Sterneschauen war gar nicht mehr zu denken. Ich war froh, an der Insel zumindest ein leichtes Gefühl von Zivilisation zu haben. Ziemlich bald schlief ich dann doch ein.

Am nächsten Tag verging die Zeit nur schleppend. Ich fühlte mich müde und konnte die Helligkeit langsam nicht mehr ertragen. Da ich nicht mehr ewig viel Wasser dabei hatte und nach der letzten Nacht sowieso auf keinen Fall auf der Salzfläche übernachten wollte, nahm ich mir vor, bis nach Llica, der ersten Ortschaft hinter dem Salar, zu fahren. Als ich nach einer gefühlten Ewigkeit wieder auf die Karte schaute, stellte ich fest, dass ich erst 25 km geschafft hatte. Das wird ja noch ein langer Tag, dachte ich mir. Ich fühle mich jetzt schon völlig kraftlos und bin nicht einmal ein Drittel gefahren. Nach einiger Zeit wurden meine Augen extrem trocken und ich konnte sie kaum noch offen halten. Ich setzte meine Fahrt so fort, dass ich ein paar Minuten fuhr, und mich dann mit geschlossenen Augen hinsetzte, bis die Situation wieder erträglich war. Wie dramatisch das von außen wohl aussehen muss, dachte ich mir, und musste etwas lachen. Die vielen tränenverschmierten Pausen brachten aber Ruhe in mein Nachmittagstief, und so kam ich langsam und gemächlich meinem Zielort doch immer näher. Als die Sonne langsam wieder tiefer stand, und ich auch schon die ersten dunklen Berge am Horizont erkennen konnte, entspannte sich meine Augensituation wieder. Ähnlich wie am Vortag, nahmen mein Energielevel und auch die Begeisterung für die Landschaft wieder auf ungeahnte Art zu. Ich hatte noch rund 40 km zu fahren – doch hatte ich wieder tiefe Ruhe und Optimismus in mir. Als ich irgendwann anhielt, um Fotos zu machen, stellte ich fest, was für einen Rückenwind ich eigentlich hatte. Deshalb geht jetzt alles so einfach. Gefühlt raste ich bis zum Ende der Wüste durch und erreichte gerade zum Sonnenuntergang das „Festland". Der Übergang bestand aus einem etwa schienbeintiefen Salzmatsch, durch den ich das Fahrrad halb schieben und halb tragen musste. Das Dorf erreichte ich in tiefer Dunkelheit und war froh, dort direkt ein kleines Gasthaus zu finden. Ich stellte fest, wie schwindelig und übel mir war und hatte eigentlich das Bedürfnis, gleich schlafen zu gehen. Ich zwang mich aber, doch noch ins Dorf zu gehen und mir bei einer Straßenverkäuferin etwas zu essen zu holen. Das Dorf war irgendwie schon belebt. Doch fühlte es sich ganz anders an, abgeschnitten von der Außenwelt. Handyempfang gab es keinen, Strom schien es nur wenige Stunden am Tag zu geben, dazu war alles staubig. Vermutlich war es mehr mein Gemütszustand als das Dorf selbst, das den Ort so surreal wirken ließ.

Die nächsten Tage war ich zu kaum etwas zu gebrauchen. Ich schlief viel und spazierte hin und wieder durch den Ort. Auf dem Dorfplatz unterhielt ich mich mit einer Gruppe Menschen und fragte sie, was es denn mit den lichtlosen Lastwagen mitten in der Nacht im Salar auf sich hatte. Tatsächlich schienen es Drogenschmuggler zu sein, die ihre Güter transportierten und deshalb mit einem Affenzahn und ohne Licht durch die Wüste rasten. Ich war noch einmal glücklicher, an der Insel und nicht mitten auf der Salzfläche übernachtet zu haben. Mir fiel die Anleitung ein, die mir ein anderer Radreisender mal gezeigt hatte, mit der man sich einen kleinen Kocher bauen kann. Bisher hatte ich kein Problem damit, Brot, Obst und etwas von den Straßenverkäuferinnen und Straßenverkäufern zu essen, wenn ich in Ortschaften war. So bekam ich einiges von der Kultur mit, redete mit den Menschen und aß jeden Tag etwas ganz anderes. Doch jetzt, wo Dörfer immer seltener und es abends auch immer kälter wurde, hatte ich schon das Bedürfnis, selbst zu kochen und etwas Warmes zu essen. Ich kaufte mir also eine optisch besonders ansprechende Getränkedose (Quinoa-Malzgetränk) und eine Flasche puren Alkohol – der wird hier von den Menschen selbst viel zum Kochen verwendet und ist daher selbst in den kleinsten Dörfern erhältlich. Das Getränk, das offenbar ziemlich typisch für das bolivianische Hochland ist, schmeckte eigenartig gut. Als die Dose leer war, schnitt ich sie in der Mitte einmal durch, und knickte die obere Hälfte sternförmig zusammen, sodass man die beiden Teile ineinanderstecken, und den Alkohol hineinfüllen konnte.

Bevor ich mir im Dorfladen einen kleinen Topf kaufte, testete ich die Konstruktion erst einmal. Tatsächlich brannte die Flamme wunderbar. Ab jetzt hatte ich wohl einen Kocher. Im Geschäft kaufte ich mir noch einen kleinen Teetopf, in den genau eine Portion Nudeln passt, den man aber auch als Tasse hernehmen kann. Perfekt.

Um nicht nur durch meist doch eher eintöniges bolivianisches Hochland zu fahren und mehr Abwechslung zu erfahren, entschied ich mich, auf der chilenischen Seite, auf der es wesentlich bergiger ist, weiterzufahren. Andere Radreisende, die ich im *Casa del Ciclista* in Uyuni getroffen hatte, hatten mir eine Route durch einen Teil der Atacama-Wüste empfohlen, und so machte ich mich allmählich in Richtung chilenischer Grenze. Gefühlt hatte ich mit Uyuni schon das Ende der Welt erreicht. Seit dem Salar fuhr ich nur noch auf kleinen Schotterwegen. Ortschaften durchfuhr ich alle paar Tage. Angekommen in einem neuen Dorf beäugten mich die Menschen meist sehr kritisch. Nach ein paar Sätzen Smalltalk in einer *tienda* oder bei Streetfood-Verkäuferinnen und Verkäufern entwickelten sich aber meistens doch witzige Gespräche.

### ATACAMA-WÜSTE

Die bolivianisch-chilenische Grenzstation war verlassen. Umzudrehen schien mir eine übertriebene Reaktion zu sein. Das Gefühl für bürokratische Grenzen hatte ich hier, nach Tagen ohne wirklichen Kontakt zur Außenwelt, scheinbar verloren. Ich fuhr über einen kleinen Pass, der offenbar der Grenzgebirgszug war und erlebte erstmals seit Wochen wieder das Gefühl von Anstrengung. Im Flachen war es eher eine Müdigkeit, die sich irgendwann einstellte. Im Gebirge verging die Zeit viel schneller, und die Landschaft war wesentlich spektakulärer. Die Höhe spürte ich hier auf über 4000 Metern aber deutlich. Ich musste ständig Pausen machen und brauchte für nur wenige Kilometer und Höhenmeter ewig. Oben genoss ich die Aussicht auf eine karge, aber doch grandiose Landschaft. Ich beschloss, zu einer noch etwa 15 km entfernten Thermalquelle zu fahren und dort in der Nähe zu zelten. Wie perfekt, dass es in Chile so viele warme Bademöglichkeiten gibt. Im Dorf, durch das ich fuhr, sprach mich sofort eine Frau an, die super begeistert davon war, hier eine alleinreisende Frau anzutreffen. Sie selbst hatte ihr Leben lang darauf hingearbeitet, einmal nach Indien reisen zu können und niemand im Dorf hätte Verständnis für diese Reiselust. Ich war fast ein bisschen überrumpelt von dieser unerwarteten sozialen Situation, nachdem ich über Tage kaum menschliche Stimmen gehört hatte. Auf die Frage, ob sie es mir empfehlen könne, bei der Thermalquelle zu übernachten, erwiderte sie, dass das in der Kälte bei nachts um die -15°C auf keinen Fall eine Option sei. Die Temperaturangabe schien mir zwar etwas übertrieben, aber doch nahm ich das Angebot, bei ihr in der Wohnung zu übernachten, gerne an. Wir tranken einen Tee, und sie erzählte mir von ihrer Reise nach Indien und wie sie vom Dorf in die Stadt zog und in einem Busunternehmen arbeitete, um dort das nötige Geld für die Reise zu verdienen. Am Abend, als wir zur nächsten *tienda* gingen, um Lebensmittel zu kaufen, wehte ein eisiger Wind durch das Dorf. Ich stellte fest, dass es tatsächlich sehr gut die angekündigten -15°C haben könnte und war heilfroh, nicht im Zelt schlafen zu müssen. Ich hatte keine Ahnung, wie ich die Nacht ohne festes Dach überstanden hätte (vielleicht doch in der Thermalquelle die Sterne beobachtend?). Als wir uns die Karte anschauten und sie mir ihre Empfehlung zur Streckenwahl aussprach, kam in mir leichte Panik auf. Ich konnte entweder einige hundert Kilometer in Richtung Süden fahren (in die ich ja eigentlich gar nicht wollte), einen Pass von 5100 Metern überqueren, oder den gleichen Weg, den ich gekommen war, wieder zurückfahren. Ganz offensichtlich wäre es vielleicht doch schlauer gewesen, das akribische Planen im Voraus, das am Anfang der Tour noch wunderbar funktioniert hat, beizubehalten. Die letzten Tage fühlte ich mich ohnehin schon schwach. Wie sollte ich da einen Pass von über 5000 Metern überqueren? Wo sollte ich danach übernachten? Die Frau musste mit ihrem Kleinbus sowieso in Richtung des Passes auf die nächstgrößere Straße fahren und bot mir an, mich ein Stück mitzunehmen. Den Pass müsse ich dann selbst überqueren. Also gut. Ich war zwar so gar nicht in der Stimmung, bei Minusgraden mitten in der Wüste Höchstleitungen zu erbringen – aber da musste ich wohl durch. Am nächsten Morgen luden wir das Fahrrad aufs Dach, und mit einigen Dorfbewohnerinnen- und Bewohnern die in die Stadt pendelten, fuhren wir los. Als ich an der Kreuzung zum Pass ausstieg, blies mir direkt ein eisiger Wind ins Gesicht. Ich zog mir gefühlt alle Klamotten, die ich noch im Gepäck hatte, über und fuhr langsam und mit immer besser werdender Laune los (ja, die zwei Kapuzen, Helm und Sonnenbrille waren absolut notwendig). Bisher schienen mir die Berge immer ewig weit weg zu sein. Jetzt fuhr ich genau auf eine riesige Felswand zu und war wieder mal aufs Neue völlig beeindruckt von der Ruhe und Einsamkeit, die ich hier erfuhr. In diesen Momenten wurde ich absolut tiefenentspannt. Ich hörte auf meinen Körper, ließ mich durch nichts stören. Ich war die Ruhe selbst – wo ich doch am Morgen noch die völlige Panik hatte. Ich war zuversichtlich, dass alles gut gehen würde, mitten hier im Nirgendwo.

Ich kroch gemächlich immer weiter bergauf, bis zu dem Punkt wo die Straße eine Kurve machte, in einen Schotterweg überging und steil anstieg. Ab hier wurde alles anstrengend. Ich nahm mir vor, Musik zu hören und nach jedem Lied eine kleine Pause zu machen. Doch das funktionierte bald schon nicht mehr. Ich sah den höchsten Punkt, wo die Straße sich zwischen zwei mittlerweile kleinen Gipfeln durchschlängelte, ja schon. Und doch kam ich nicht wirklich vom Fleck. Zehnmal treten, dann eine Pause war der neue Plan. Dann fünfmal. Ich war völlig fertig. Während man in tieferen Lagen bei Anstrengung eine Pause machen kann und sich dann recht schnell wieder erholt, fehlt es hier einfach an Luft. Ich konnte atmen so viel ich wollte – das Erholungsphänomen fand einfach nicht statt. Irgendwie quälte ich mich in Richtung Gipfel. Ich hatte es geschafft. Dass auf dem Gipfel ein Glücksgefühl kommt, ist meiner Meinung nach die größte Lüge der Outdoorartikelindustrie und derer, die nie in den Bergen unterwegs sind und sich die Welt schönreden, dachte ich mir. Oben ist man verschwitzt, müde, es ist kalt und windig, und man hat meistens den Zeitdruck, möglichst schnell wieder runter zu müssen, bevor es dunkel wird. Zumindest ich war meistens irgendwann glücklich, aber nur selten auf Gipfeln oder Pässen.

Ich sah die kleine Straße, von der ich gekommen war, sich den Berg entlang hochschlängeln. Die andere Seite wirkte ganz anders - fast schon bunt und friedlich, bergab in eine unendlich weite Hügellandschaft laufen. Jetzt also so weit herunterrollen bis es dunkel wird und dann einen windgeschützten Platz finden. Passend zur Dämmerung fand ich eine Bauernhofruine. Mir war klar, dass ich viel essen und dann schnell einschlafen musste, bevor es richtig kalt wurde. Ich hatte meinen neuen Dosenkocher bis auf die Testversuche noch nicht benutzt. Nach einigen Versuchen, und windgeschützt direkt an der Ruinenmauer, brannte der Kocher dann perfekt. Ungeduldig fing ich an, die Nudeln noch halb hart aus dem Topf zu fischen und zu essen. Was ein Genuss, abends etwas Warmes zu essen. Es hätte keinen besseren Tag geben können, den Kocher einzuweihen. Glücklich und fast schon aufgewärmt ging ich also schlafen und versuchte meinem Körper zu sagen, auf keinen Fall in der Nacht aufwachen zu dürfen, da es sonst vermutlich sehr kalt werden würde. Ich schlief wunderbar. Dunkel kann ich mich daran erinnern, dass, als ich im Morgengrauen langsam am Erwachen war, sich mein Hirn einschaltete und sagte „Nein! Sofort wieder einschlafen, es ist noch zu kalt!". Ich schlief tatsächlich direkt wieder ein und wachte zu humanen Temperaturen wieder auf. Was eine geniale Fähigkeit, dachte ich mir.

Einige Wochen zuvor hatten mir andere Radreisende die *Ruta de las Vicuñas* empfohlen, benannt nach den lama- und alpakaähnlichen Bewohnern der Region. Die folgenden Tage fuhr ich also in Richtung des Startpunkts. Dauern würde die Tour über einsame Schotterwege ohne Zivilisation etwa 5-6 Tage. In der endlosen Trockenheit der Atacama-Wüste überzeugten mich am meisten die vielen heißen Quellen, die sich auf der Strecke befinden. Die Gewissheit, Wasser in der Nähe zu haben, war für mich zutiefst beruhigend. In Colchane, dem Startpunkt der Route, kaufte ich gefühlt den halben Dorfladen leer: Nudeln, Nüsse, etwas Getrocknetes, von dem ich nicht wusste, was es ist, Kekse, Brot, Tomatensoße, Mais. Da ich nicht einschätzen konnte, wie trinkbar das Wasser bei den Quellen sein würde, nahm ich noch so viel Wasser mit, wie aufs Fahrrad passte. Sobald ich Colchane verließ, sah ich schon kleine Herden von Vicuñas. Genauso, wie ich sie beim Vorbeifahren beobachtete, beobachteten sie auch mich. Ich fand es genial, zuzuschauen wie die 5-10 Tiere jedesmal gleichzeitig den Kopf in meine Richtung bewegten und mitdrehten wenn ich vorbeifuhr. Vermutlich dachten sie genau das gleiche auch von mir. Ab jetzt sind

es also nur noch die Lamas, Alpakas, Vicuñas und ich. Auf dem Schotterweg, der gefühlt noch viel schotteriger war als die Schotterwege zuvor, kam ich nur sehr langsam vorwärts. Zudem fühlte ich mich seit der Überquerung des Passes durchgehend sehr müde. Die felsige Landschaft, die Tiere und die Vorfreude auf die heißen Quellen ließen mich aber doch in die Wüste starten. Die erste Nacht schlief ich, wie schon lange ersehnt, an einer lauwarmen Quelle. Idealerweise waren hier sogar Mauerreste einer Ruine, sodass ich einen windgeschützten Zeltplatz hatte. Das Schwimmen in der poolartigen Quelle war absolut genial. Nach meinem Trinkwassertest, den mir irgendwer irgendwann mal empfohlen hatte (einen großen Schluck trinken und wenn es dir nach einer Stunde immernoch gut geht, ist das Wasser trinkbar) füllte ich meine Wasservorräte wieder auf. Es schmeckte alles etwas sandig – aber das war mehr als okay. Die Fähigkeit, bei Kälte perfekt durchzuschlafen hatte ich wohl nicht verlernt. Ich war, trotz meiner Langsamkeit, mit allem sehr zufrieden. War das wirklich nur die Höhe, die mir so zu schaffen machte? Oder habe ich allgemein zu wenig gegessen? Zu viele Eindrücke? Das Einzige, was mir Druck machte, war nur, dass ich in ein paar Tagen wieder ein Dorf erreichen sollte, da ich ja nicht unendlich viel Essen dabeihatte. Ansonsten konnte ich mir alle Zeit der Welt lassen.

Von der Landschaft hier war ich wirklich begeistert. So schroff, so ruhig, und doch fühlte es sich nicht komplett lebensfeindlich an. Teilweise war alles komplett steinig und vegetationsarm – dann kamen wieder grasartige Landschaften, in denen die Vicuñas ihr Leben führten. Völlig friedlich. Gegen Mittag am zweiten Tag krachte es hinter mir. Oje. Der Gepäckträger ist durchgebrochen, mitten hier im Nirgendwo. Da saß ich also und wartete zwischen den Lamas. Es war wirklich nichts zu machen. Ich hatte keine Idee, wie ich das irgendwie improvisiert wieder hinkriegen könnte. Den Rucksack, der oben draufgespannt war, könnte ich zu Not ja auf dem Rücken tragen. Aber die Fahrradtaschen mussten auf den Gepäckträger und der war komplett durch. So wartete ich und tüftelte hin und wieder, ob mir nicht doch irgendwas einfiel, das gebrochene Stück zu fixieren. Hin und wieder sind ja Pick-ups und Jeeps an mir vorbeigefahren – es war also eigentlich nur eine Frage der Zeit, bis wer vorbeikommen würde. Ich war mir ziemlich sicher, dass sich irgendeine Lösung finden würde. Ich überlegte mir, dass wenn bis zum Abend sich keine Lösung gefunden hätte, ich dann hier zelten und am nächsten Tag mit dem Rucksack zu Fuß zurück starten würde. Ich war mir aber doch ziemlich sicher, dass es so weit nicht kommen würde. Am späten Nachmittag kam dann ein Auto, dessen Fahrer mir anbot, mich mitzunehmen. Wie dankbar ich für diese Rettung war! Im Dorf angekommen, ging ich wieder in das Gasthaus, in dem ich vor zwei Tagen gestartet bin, und informierte mich, ob und wie ich am besten mit dem Bus nach Iquique, die nächstgrößere Stadt, kam. Schließlich musste ein neuer (und am besten stabilerer) Gepäckträger her. Tatsächlich war es möglich, innerhalb eines halben Tages in die Stadt zu gelangen. Nach Monaten mal wieder in einem Bus zu sitzen, fühlte sich mir völlig fremd an. Wie seltsam, mit so vielen Menschen so eng zusammen in diesem Gefährt durch die Gegend zu rasen.

Iquique selbst, eine für die Region riesige Stadt an der Küste, fühlte sich fast genauso seltsam an. Glücklicherweise fand ich ein Fahrradgeschäft, das auch einzelne Gepäckträger verkauft. Über den Spruch des Verkäufers, dass der Träger niemals bricht – er hätte denselben und der Beweis sei seine Frau, die immer hinten drauf mitfährt, musste ich mehr lachen als mir eigentlich lieb war. Ich genoss ein bisschen den Großstadttrubel, aber war dann doch froh als ich am Abend wieder im Dorf ankam – zum dritten Mal mittlerweile. Ich fragte mich, wann ich eigentlich das letzte Mal zu einem Ort zurückgekehrt bin. Gefühlte Ewigkeiten. Die letzten Monate war immer alles neu, wenn ich wo ankam. So schade es auch war, ich entschied mich, den gleichen Fehler nicht nochmal zu machen und wieder die gleiche Route zu fahren. Offensichtlich war das Fahrrad ja völlig überladen und mein Gepäck kein großer Fan von Schotterwegen. Ich war mir auch nicht so sicher, ob ich so viel Wert auf die Garantie des Verkäufers legen konnte. Also entschied ich mich schweren Herzens, wieder auf die bolivianische Seite zu fahren und dort den Weg in Richtung Norden fortzusetzen. In Chile konnte man meist nur zwischen einer autobahnähnlichen Hauptstraße und kleinen Wegen, wo ich meine Erfahrung ja schon gemacht hatte, wählen. So schön die Landschaft auch war – wahrscheinlich war Chile für die Ausrüstung und mich einfach ein Level zu hoch. Die Ausreise aus Chile erfolgte erstaunlich einfach. Ich erklärte, wie ich aus Versehen ins Land eingereist bin, stellte mich etwas dumm, und konnte nun ohne Probleme wieder nach Bolivien einreisen. Hier war alles wieder sehr flach und weit. Ich genoss es ein bisschen, nicht täglich tausende von Eindrücken zu haben und mir keine Sorgen um Streckenwahl oder Lebensmittelversorgung machen zu müssen. Hier im flachen Teil des Altiplano war das Leben wieder einfacher. Hier konnte ich meinen Gedanken freien Lauf lassen und musste mir keine planerischen Sorgen machen. Für ein paar Tage genoss ich die Monotonie sehr. Ein paar hundert Meter abseits der Straße fand ich ein Ruinendorf. Kirche, Häuser,

Brunnen, alles war noch mehr oder weniger gut erhalten. Mir war völlig klar, hier übernachten zu wollen. Ich schaute mir alles an und machte am Abend ein kleines Feuer. Zum ersten Mal konnte ich hier die Sterne beobachten, ohne das Gefühl zu haben, gleich zu erfrieren.

Als ich in die Stadt Oruro ankam, war ich völlig überrumpelt. Ich wusste zwar, dass es die Karnevalshauptstadt des Landes war – aber nicht, dass auch zu Nicht-Karnevalszeiten kleinere Umzüge stattfinden. Ich musste breit grinsen, als ich die hunderte von Menschen in bunter Kleidung durch die Straße tanzen sah. Überhaupt schienen mir die Bolivianer sehr feierwütig zu sein. Straßenumzüge hatte ich schon häufiger, oft in kleineren Ortschaften, beobachtet. Aber in den Farben und mit der Art von Musik, das war mir eine ganz neue und einzigartige Erfahrung. Die Stadt selbst war voller Leben. Den ganzen Abend verbrachte ich damit, über den Markt zu schlendern und Essen zu probieren, das ich noch nie zuvor gesehen hatte. Je näher ich dem Titicaca-See kam, desto grüner wurde auch die Landschaft. In meinem Kopf war der Titicaca-See immer etwas Exotisches, etwas Unerreichbares. Jetzt war ich da. Das Gebiet wirkte ein wenig wie eine Oase mitten in der Wüste. Seit einer Ewigkeit sah ich mal wieder Bäume. Die Küste war dicht mit Dörfern besiedelt, kleine Ackerflächen prägten das Umland. Hier fühlte es sich wieder bewohnbar an – nicht so unwirtlich wie in den anderen Gebieten des Altiplano, aus denen ich kam. Ironischerweise wurde mir, nachdem ich mit dem Wasser des Sees Nudeln gekocht hatte, auf einer Nachrichtenseite die Neuigkeit „Der Titicaca-See ist eine Kloake" angezeigt. Wie reizend. Ich musste daran denken, wie an einem meiner ersten Tage in Bolivien ein Zeltplatzbesitzer sagte, als Reisender hätte man die Wahl, entweder man trinkt das Leitungswasser und ist zwei Tage krank, oder man kauft sich Wasserflaschen und wird dann später wegen irgendetwas anderem krank. Im Dorf kurz vor der Grenze zu Peru fragte mich eine Frau, wohin ich denn wolle. „Nach Peru", antwortete ich ihr. „Um Gottes Willen", war ihre Reaktion „das ist ja da, wo die ganzen Mörder herkommen". Mit der Antwort war ich fast ein bisschen überfordert. Mir ist auch vorher schon aufgefallen, dass viele Menschen ihre Nachbarorte als gefährlich einstufen und ihren eigenen als sicher. Oft schon wurde mir etwas in der Art gesagt wie: „Hier sind alle gastfreundlich und nett, aber drüben im nächsten Dorf, da musst du wirklich aufpassen". Da war ich also in Peru. Ich kann von mir behaupten, ein Land komplett und aus eigener Kraft, von Süd nach Nord durchquert zu haben. Ich war fast ein bisschen traurig, Bolivien jetzt endgültig zu verlassen. In Moho, der nächstgrößeren Ortschaft hinter der Grenze, schien gerade der Wochenmarkt stattzufinden. Das Dorf wirkte wirklich nicht groß, dafür war auf dem Marktplatz aber umso mehr los. Mein erster Eindruck war super. Die Peruaner und ihr Dorf waren mir total sympathisch. Als nächstes Ziel peilte ich Juliaca, eine recht große Stadt leicht nördlich des Sees an, in dem es ein *Casa del Ciclista* gab. Ich verbrachte eine super Woche in der Stadt und hatte eine großartige Zeit mit anderen Radreisenden und dem Gastgeber. Er bastelte viel und gerne, und als er sah, dass ich keinen Vordergepäckträger hatte, bestand er darauf, mir einen aus alten Metallresten zu schweißen. Wie genial! Jetzt hatte ich keinen Stress mehr, alles hinten befestigen zu müssen. Ab jetzt hatten das Zelt und ein paar Kleinigkeiten ihren Platz vorne. Im Gegenzug half ich dem Nachbarskind bei den Englischhausaufgaben.

## AMAZONAS: DREI TAGE BERGABROLLEN

Die Landschaft in Peru war genial. Die Mischung aus kleinen, lebhaften Ortschaften, immer grüner werdender Pflanzenwelt, mal näher und mal ferneren Gebirgen war mir sehr angenehm. Keine Versorgungssorgen, viel Ruhe und doch keine Langeweile. Die Menschen (zumindest die, die nicht in Autos saßen und gefühlt jeden Radfahrenden anhupten) wirkten sehr offen und gesprächsfreudig. Ich freute mich riesig über die kleinen Gespräche, die ich am Straßenrand mit den Menschen führte. Das hatte ich in Bolivien etwas vermisst. Meine anfänglichen Unsicherheiten, wo ich denn unbesorgt zelten könnte, und wem ich vertrauen kann, hatten sich mittlerweile gelegt, und ich hatte mehr und mehr die Sicherheit entwickelt, auf mein Bauchgefühl hören zu können. Ich bin auf eine positive Art mehr und mehr in mich gekehrt und war sehr zufrieden damit. Je weiter nördlich ich fuhr, fuhr ich auch immer weiter der Regenzeit entgegen. Da mein Zelt und meine Taschen nicht hundertprozentig wasserdicht waren, war ich doch sehr froh um die kleinen Unterkünfte, die es in den Dörfern oft gab, und um die Menschen, die mir anboten, bei ihnen im Trockenen zu übernachten. Wegen der Regenzeit, und trotz Land und Leute, die mich so begeisterten, entschied ich mich, langsam die Heimreise anzutreten. Ich buchte einen Flug für in einigen Wochen nach Spanien, um von dort dann bis nach Hause radeln zu können. So der Plan. Ich entschied mich, bis nach Cusco zu fahren, und von dort noch einen kleinen Abstecher ins Amazonasbecken zu machen, bis es dann zurück nach Europa ging. Den Anstieg von rund 3.000 Metern über die Bergkette wollte ich mir ehrlich gesagt ersparen, und so fragte ich bei einem Bus, der in die Richtung fuhr, ob er mich nicht mit dem Fahrrad auf dem Dach mitnehmen könne und mich oben am Bergpass rauslassen kann (ja, eine gewisse Gemütlichkeit kehrte ein). Alles kein Problem. Oben war es kalt und windig, und ich war sofort froh, nicht selbst hochgefahren sein zu müssen. Jetzt ging es also nur noch bergab, in ein klimatisch völlig anderes Gefilde.

Schon nach einigen Metern des Bergabrollens war ich froh, mir in Cusco weitere Bremsblöcke besorgt zu haben – mit der Zeit lernt man ja dazu und versucht sich auf mögliche Eventualitäten vorzubereiten. Tatsächlich waren die alten Blöcke ziemlich schnell weggebremst und ich stieg auf die neuen um. Ich genoss die mit jedem Kilometer immer frischer und wärmer werdende Luft, die immer grüner werdende Landschaft mit ihren von Nebel verhangenen Bäumen. Es fühlte sich ganz ungewohnt an, keine staubige Luft einzuatmen. Auch genoss ich die Serpentinen – dadurch, dass ich in der südamerikanischen Weite ja fast nie Kurven fuhr, hatte ich endlich das Gefühl, den Lenker auch mal zu gebrauchen. Auch Autoverkehr gab es hier kaum. Absolut genial! Ich fühlte mich, wie in einer anderen Welt. Die Frau in einer kleinen *tienda*, in der ich Lebensmittel kaufte, bot mir an, bei ihr auf der Terrasse zu übernachten. Mir fiel ein, dass ich mir hier höchstwahrscheinlich ja gar keine Gedanken mehr über Kälte in der Nacht machen musste. Zugegeben, dadurch dass ich hier noch nicht bergauf fahren musste, hatte ich mit Hitze bisher auch nicht zu kämpfen. Ich war begeistert. Ich befand mich am alleräußersten Rand des Waldes – und doch ließ mich die Lautstärke der Tiere kaum zur Ruhe kommen. Absolut faszinierend. Ich schlief fantastisch und wurde am nächsten Morgen von den Schreien (nein, das kann man nicht Zwitschern nennen) irgendwelcher Vögel geweckt. Meine Vorfreude auf den Tag war riesig. So fuhr ich durch kleine, im Nebel verhangenen Dörfer, fand am Wegesrand Früchte, zeltete an einem Wasserfall. Es war das reinste Paradies. Ich wurde etwas traurig, als ich feststellte, dass mein Flug nach Spanien doch schon in wenigen Tagen ging. So vollbrachte ich also eine kleine Odyssee, mit Fahrrad und öffentlichen Verkehrsmitteln vom Amazonas quer durchs Land nach Lima zu reisen.

### SPANIEN UND MAROKKO

In Spanien angekommen, wurde ich von der Kälte überrascht. „Marie, es ist Dezember. Was erwartest du?", waren die Reaktionen meines Umfelds auf das Gejammer. Recht hatten sie wohl. -10°C in Südamerika hatten mir nur wenig ausgemacht. Aber 0°C in Spanien waren irgendwie doch kälter (nasskälter) als südamerikanische 0°C. Nach wenigen Tagen in Spanien begegnete ich Stina, die auf dem Weg nach Marokko war. „Komm doch

einfach mit in den Süden" sagte sie. Mit Begleitung verliefen Sachen wie die Zeltplatzsuche auf einmal viel unbeschwerter. In einer leeren Strandhütte schlafen? Unter dem Dach eines Restaurants, das gerade in Winterpause ist? Hinter einer Kirche? Alles Dinge, die ich mich allein nie getraut hätte, die jetzt auf einmal kein Problem mehr darstellten.

Nach etwa 3 Wochen unterwegs an der spanischen Mittelmeerküste und durch die Sierra Nevada, nahmen wir vom Örtchen Motril die Fähre nach Melilla. Irgendwie war es ein witziges und aufregendes Gefühl, zwischen den Massen an Autos auf die Fähre zu fahren und einen geeigneten „Parkplatz" zu finden. Euphorisch und mit mitgebrachtem Sektfrühstück genossen wir die Überfahrt auf den afrikanischen Kontinent. Ich spreche weder Arabisch, noch Berber oder Französisch, und so war es ein seltsames Gefühl, mit den sehr gastfreundlichen Menschen nicht wirklich kommunizieren zu können. Nach wenigen Tagen auf marokkanischem Boden fanden wir einen gemütlichen Platz an einem See, weit von jeglicher Siedlung entfernt – der perfekte Zeltplatz! Irgendwann mitten in der Nacht kamen zwei Autos angefahren, die Menschen darin stiegen aus und leuchteten mit ihren Taschenlampen wild umher. Ich schaute also aus dem Zelt, da kamen sie gleich schon auf uns zugelaufen und redeten auf Arabisch auf uns ein. Offenbar sollten wir alles abbauen und mit ihnen mitkommen. Nö, entschieden wir uns. Wir steigen doch nicht mitten in der Nacht bei irgendwelchen Wildfremden ins Auto, wo wir noch nicht einmal wussten, was wir verbrochen hatten. Gut gelaunt fingen die

Männer an, das Zelt abzubauen und die Fahrräder ins Auto zu laden. Ich war mir doch ziemlich sicher, dass der Kidnappingversuch daran scheitern würde, dass die Fahrräder niemals in die Autos passen würden, da sie ohne Menschen und das restliche Gepäck schon halb aus dem offenen Kofferraum herausragten. „Sollen wir vielleicht beim Zelt abbauen helfen?" – „Nein quatsch, als ob wir unseren Entführern helfen" – „Aber sie packen doch alles völlig falsch ein" – „Sie sollen am besten einfach garnix einpacken" – „Da müssen wir wohl mit einsteigen, wenn sie unsere Sachen mitnehmen". So in etwa verlief die Diskussion zwischen Stina und mir. Die Situation war einfach zu seltsam. Die Männer waren bestens gelaunt, wir kriegten uns gar nicht mehr ein vor Lachen. So stiegen wir also mit ein. Was blieb uns auch anderes übrig. Das Auto vor uns mit offener Kofferraumklappe und zur Hälfte herausragenden Fahrrädern holperte über die Landschaft, wir saßen mitten in der Nacht mit seltsam guter Laune im anderen Auto und verstanden die Welt nicht mehr. Nach einiger Zeit kamen wir in einem Dorf an und eine ältere Frau empfing uns in ihrem Haus. Dort war ein Tisch gedeckt mit Tee, Brot und Keksen. Wir hatten bereits festgestellt, dass es bei marokkanischer Gastfreundschaft unmöglich ist und als Beleidigung aufgefasst wird, Angebote abzulehnen. Das war auch hier der Fall. Während wir aßen und tranken, was uns aufgetischt wurde, wurden wir mit neugierigen Blicken beobachtet. Auch am nächsten Tag wussten wir noch nicht, was eigentlich los war. Erst dann kam der Sohn, der in Spanien studiert und auf Heimaturlaub war, und konnte die ganze Geschichte auf Spanisch erklären. Es waren Polizisten, die uns mitgenommen hatten, in der Region natürlich ohne Uniform und ohne Polizeiwagen, da es seit wenigen Jahren die Regel gab, selbstständig Reisende (vor allem Frauen ohne Mann) nicht in der freien Wildnis nächtigen zu lassen. Auf die Frage, wie sie uns überhaupt gefunden hätten, antwortete er, dass „gefährdete" Reisende an jeder Polizeistation, an der sie vorbeikommen, dokumentiert werden – und wenn sie vom Radar verschwinden, wird nach ihnen gesucht.

Zelten schien also erstmal nicht stattzufinden. Als wir nach ein paar Tagen voll herzlicher Gastfreundschaft die Reise fortsetzten, bestanden sie darauf, mit einem Auto hinter uns herzufahren. Wir hatten eigentlich sehr wohl den Eindruck, dass das nicht nötig sei und wir schon alleine zurechtkommen – keine Diskussion. Hinter dem nächsten Dorf verabschiedete sich unser Kumpel. Schon bald stellten wir fest, dass uns ein anderes Auto folgte. Tatsächlich hatten wir die nächsten Wochen durchgehend ein Auto hinter uns, mit jemandem darin der darauf achtete, dass wir auch ja nicht auf die Idee kommen zu zelten. Meine Stimmung schwankte stündlich zwischen „eigentlich kanns mir ja egal sein", zu „wie nervig", zu „was, wenn uns diesmal gar nicht die Polizei folgt, sondern wer anders?". Die Kommunikation mit den Menschen war für uns nach wie vor schwer (nein, auch der Google Übersetzer hat nicht wirklich funktioniert). Was Schlafplätze betraf wurden wir also kreativ. Klar übernachteten wir, wenn vorhanden, auf Zeltplätzen oder in kleinen Unterkünften. Für Orte, in denen es keine offiziellen Übernachtungsmöglichkeiten gab, stellten wir fest, dass Tankstellenbesitzer sich meistens über Gäste freuten. Hier war fast immer ein Platz für Isomatten im Gebetsraum, auf der Terrasse oder im Restaurant frei, dazu gab es fließendes Wasser und Toiletten. Der Tipp des Motorradfahrers damals in Argentinien, der hinter einer Tankstelle zeltete, stellte sich als absolut genial heraus. Die Gastfreundschaft der Marokkaner war gigantisch, und wir wussten gar nicht wie wir den Menschen überhaupt etwas Angemessenes zurückgeben konnten. Zum einen waren wir sehr dankbar über die Gastfreund- schaft und die tollen Begegnungen – zum anderen fühlte ich mich doch ein biss- chen überfordert. Ich fühlte mich ständig beobachtet, so ganz wurde ich mit der marokkanischen Kul- tur leider nicht warm. Vermutlich lag meine mangelnde Begeiste- rung auch daran, dass ich bereits seit einem halben Jahr unterwegs war und mittlerwei- le ein gewisser Trott eingekehrt ist. Als die Entscheidung an- stand, entweder wei- ter südlich durch die Sahara nach Maureta-

nien oder zurück nach Europa zu reisen und zu studieren, entschied ich mich für zweiteres. Das Fahrrad tauschte ich mit einer lieben Familie, die uns eingeladen hatte, gegen eine Kiste selbstgebackener Kekse.

Erst daheim wurde mir bewusst, wie verrückt die Tour eigentlich war, und wieviel Glück ich überhaupt hatte. Von Wüste über Bergpässe zum Regenwald, über das Atlasgebirge in die Sahara, mal in völliger Einsamkeit und oft unter Leuten. Ich habe mir auch wirklich nicht die einfachsten Gebiete zum Radtouren herausgesucht. Aber irgendwie kam alles so wie es kam. Auf Bauernhöfen, in Museen, Feuerwehrstationen, Ruinen, Tank-

stellen, an Stränden, Wasserfällen und heißen Quellen, in Gärten und bei freundlichen Menschen, die mich zu sich einluden, übernachtend habe ich die Orte wohl auf eine Art kennengelernt, die als „Normaltouristin" wohl nicht möglich wäre. Mir fiel auf, dass so gut wie jeder Gegenstand, den ich auf der Tour besaß, irgendeine Geschichte hatte. Entweder hatte ich etwas getauscht, gefunden, manches habe ich verschenkt, anderes wurde mir geschenkt. Zu so gut wie allem, außer Socken und Unterhosen, was ich wieder heimbrachte, oder eben nicht heimbrachte, konnte ich eine Geschichte über irgendwelche Begegnungen oder Orte erzählen.

# 1000 BERGE
# 1000 STUNDEN

An die Grenzen im Land der tausend Berge

**3500** Kilometer

**110 000** Höhenmeter

**45** Zecken

# GRENZERFAHRUNG VOR DER EIGENEN HAUSTÜR

## FRANK HÜLSEMANN

Mit 13 zum ersten Mal seine Radtaschen gepackt und in den darauffol-
genden knapp vier Jahrzehnten auf
Radreisen zusammengefasst min-
desten einmal die Erde umrundet.
Den promovierten Chemiker reizt es
dorthin zu fahren, wo man normalerweise kein Fahrrad fährt, sei es in
der Mongolei oder vor der eigenen
Haustür, sei es auf einer Fahrt mit
einer hölzernen Laufmaschine nach
Paris oder aber als moderner Gipfel-
stürmer auf zwei Rädern.

### 1000 BERGE - 1000 STUNDEN

Es fängt mit ein paar Tropfen an. Schon den ganzen Tag sah der
Himmel alles andere als freundlich aus. Ein trockenes Plätzchen,
eventuell sogar mit Essensmöglichkeit käme mir jetzt sehr gelegen.
Aber hier gibt es nichts. Kein Gasthof, keine Imbissbude. Und wenn,
dann ist Ruhetag. So rolle ich vom Dorf wieder auf die Landstraße
und von der Landstraße wieder in den Wald. Das Laub der Bäume
hält die Tropfen noch auf, aber das wird nicht mehr lange gut gehen. Der Himmel vor mir verliert jegliche Konturen und wird immer
dunkler. Ein Grollen dringt zu mir. Das wird ungemütlich werden.
Ich schaue mich nach einem Unterstand um, aber Fehlanzeige. Die
Tropfen werden dicker und schwerer. Und nasser. Das Einzige, was
ich als potenzielle Unterstellmöglichkeit in der Nähe entdecke, ist ein
Hochsitz. Aber da war ja was: ein Hochsitz als „eine Einrichtung zur
unmittelbaren Jagdausübung durch den Jagdausübungsberechtigten"

darf durch Unbefugte laut § 3 Landesforstgesetz (LFoG) nicht betreten werden. So fahre ich weiter und suche nach einer Schutzhütte oder ähnlichem. Diese Suche ist hier allerdings vergeblich, und als über mir der Donner kracht und immer mehr dicke nasse kalte Tropfen auf mich hereinprasseln, drehe ich wieder um Richtung Hochsitz. Auf einmal schüttet es aus allen Eimern und angesichts des Infernos um mich herum ist mir § 3 LFoG gerade herzlich egal. Der einzige halbwegs trockene Platz hier und jetzt ist dieser Hochsitz. Um mich herum tobt ein wahrliches Unwetter, der Sturm peitscht den Regen durch den Wald, die Bäume wiegen sich im Wind und das Prasseln der Tropfen macht jedes Gespräch unmöglich. Aber ist auch egal, da ich seit Tagen ja eigentlich sowieso nur noch mit mir selber rede. So sitze ich da mit knurrendem Magen. Es ist langweilig, wenn man im Regen hungrig länger als zehn Minuten auf einer Einrichtung zur unmittelbaren Jagdausübung sitzt. Ich trinke einen Schluck schales Wasser. Der Blick in den Regen, zuerst recht reizvoll, verliert dann doch an Attraktivität mit der Zeit. Und die vergeht langsam. Sehr langsam. Unendlich langsam hier im Wald des Landes der tausend Berge. Und der Abend kommt immer näher und damit die Dunkelheit und ich bin noch nicht fertig mit meinem Pensum heute. Und so kann ich mir einen Haufen Gedanken machen, wie weit und wie hoch ich überhaupt noch fahren kann an diesem feuchten Sommertag.

Alles fing an mit einer Diskussion über die Entwicklung des alpinen Bergsports und Herausforderungen an heutige Alpinisten auf meiner Arbeit an der Deutschen Sporthochschule Köln. Das hat überhaupt nichts mit meiner Arbeit zu tun, aber meinen Kollegen Uli und mich hatte eine Pressemitteilung auf dieses Thema gebracht. Ja, was gibt es denn noch für Herausforderungen heute? Alle Achttausender bestiegen. Der Mount Everest ein Sammelplatz für Abenteuertouristen. Die Eiger Nordwand im Rekordtempo? Oder alle Viertausender der Alpen? Oder eben doch die Seven Summits, die höchsten Berge jedes Kontinents, in Rekordtempo. Gerade war diesbezüglich ein neuer Rekord aufgestellt worden: Steve Plain hatte alle Seven Summits innerhalb von 117 Tagen bestiegen. Uli und ich waren uns einig: klar eine Leistung, aber erstrebenswert? Ist das Sammeln von Berggipfeln ein erstrebenswertes Ziel für einen Sportler? Wo soll das denn noch hinführen? Wir waren nicht sicher. „Dann mach du doch mal tausend Berge!" – „Wie tausend Berge?" antworte ich, ich

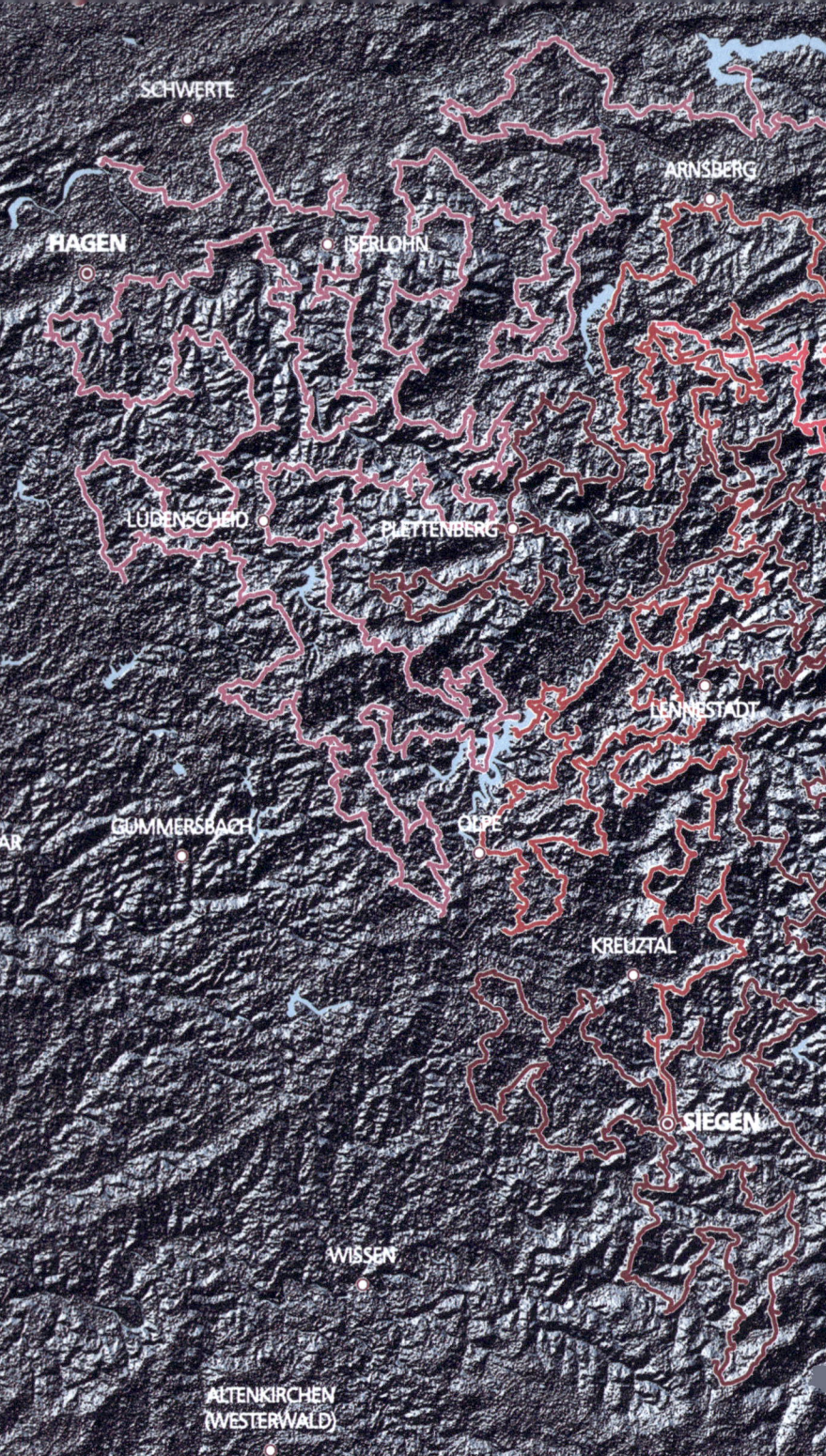

verstehe nicht. „Ja tausend Berge halt, im Land der tausend Berge. Kannste auch einen Rekord aufstellen." Und dann erklärte er mir, dass seine Heimat, das Sauerland, auch Land der tausend Berge genannt wird, wegen der vielen Berge. Sind zwar bei weitem nicht so hoch wie in den Alpen aber dafür ganz schön viele. Tausend halt. Oder mehr. Unsere Unterhaltung nahm damals dann einen anderen Lauf, aber noch wusste ich nicht, dass er mir an diesem Nachmittag einen Floh ins Ohr gesetzt hatte.

Irgendwann hört jeder Regen auf. So auch an diesem Nachmittag im Juni 2019. Ich verlasse die unerlaubterweise betretene Einrichtung zur Jagdausübung und kann mich weiter meinem Tagesprogramm widmen. Radfahren. Und Bergebesteigen. Vor mir liegt die Nummer 242, der Bilstein mit 620 m über NN. Dann wieder runter und ein paar Kilometer entfernt auf Nummer 243, die Bilsteinhalde mit 638 m. Es folgt logischerweise die Nummer 244, nur dreieinhalb Kilometer entfernt, der Hängeberg mit 547 m. Abendessen muss zwischendurch auch noch sein und auf Nummer 247 ist dann für heute Schluss. Es dämmert schon. Ich bin müde und die gut hundert zurückgelegten Kilometer heute spüre ich in den Beinen. Es war ein guter Tag, trotz Gewitter habe ich 26 Berge bestiegen. Das heißt, ich habe heute zwei Berge plus gemacht. So kann es weitergehen.

Ein Floh im Ohr ist eine unangenehme Sache. Er tut zwar nicht wirklich weh, aber er piesackt einen immer und immer wieder. So auch bei mir. Nach der Diskussion auf der Arbeit damals suche ich im Internet nach Informationen. Woher kommt der Name Land der tausend Berge? Sind das überhaupt Berge? Was definiert einen Berg? Ich kaufe mir Bücher, lese orographische Abhandlungen (Orographie, die: ein Teilbereich der Geographie, vereinfachend eine beschreibende Darstellung des Reliefs der Erdoberfläche). „Aber das sind doch keine Berge, da in Nordrhein-Westfahlen, im Sauerland!" mag man aus den Alpen herbeirufen. „Und nur tausend? Wir haben viel mehr!" Dies mag sein, aber es ist alles eine Sache der Definition. Und eine Frage mag erlaubt sein: hat die denn schon jemand mal alle bestiegen? Alle tausend? Dass dies eine völlig bescheuerte Idee ist, ist mir relativ schnell klar. Was soll denn das für einen Sinn haben? Keinen. Habe ich überhaupt kein Problem mit. Macht es Sinn, auf den Mount Everest zu steigen und dabei eventuell zu Tode zu kommen? Nein, macht auch keinen Sinn. Also. Es geht auch gar nicht um Sinn oder Unsinn. Es reizt mich einfach. Aber erste Reaktionen auf meine Idee sind niederschmetternd: „Schaffste nicht." - „Geht nicht." - „Unmöglich." Geht nicht, gibt es nicht. Ein paar Monate später steht der Plan: 1000 Berge, und zwar in 1000 Stunden, also 42 Tagen, also sechs Wochen, sollen bestiegen werden. Da die anvisierten Gipfel bergsteigerisch eher wenig anspruchsvoll sind nehme ich das Rad zur Besteigung, nur da wo es damit nicht mehr weitergeht, geht es zum Gipfel zu Fuß. Start ist am 7. Juni 2019 in den Ruhrauen unterhalb der Hohensyburg bei Dortmund. Dem tiefsten Punkt des Landes der tausend Berge. Von hier kann es nur noch bergauf gehen.

„Darf ich mal fragen, watt datt gibbt?" Irritiert vernehme ich die Frage und bin spontan nicht in der Lage eine umfassendere Antwort als: „Wieso?" zu formulieren. „Weil et mich halt interessieren tut." Ok, das ist verständlich. Klar könnte es eine ältere Dame mit Dackel samstagmorgens im Wald interessieren wieso ich mich anschicke tief eingegrabenen Reifenspuren in den Wald zu folgen. Ich informiere freundlichst über mein Ansinnen den vor uns liegenden Berg besteigen zu wollen. „Ja, aber dies ist kein ... öhm." ist die Antwort. Ja das ist kein was? Sie ist sich unschlüssig, was das da vor uns denn jetzt eigentlich genau nicht ist. „Hier geht datt nu ma nett, datt da jeda hergehn kann." Das sehe ich allerdings etwas anders, denn hier darf jeder langgehen, genauso wo und wie er will. Dies ist kein Naturschutzgebiet, keine Schonung, hier ist eigentlich nix. Ein paar Fichten, etwas Gesträuch und über uns rotiert ein Windrad. Ich versuche die besorgte Frau zu beruhigen, dass ich nur kurz den Fahrspuren folge, den Gipfel besteigen werde und mich dann wieder verdrücke. Leider ist dies nicht sonderlich erfolgreich. „Und watt soll datt?", ist die Frage. Ja, meine Güte, was soll das? Also kläre ich auf über meine tieferen Beweggründe und Motivation. Es folgt: eine längere Pause. Und dann: „Aha. Aber schön auf dem Weg bleiben!", ist die folgende Anweisung, die ich geflissentlich ergeben bejahe. Dackel winselt inzwischen jämmerlich, er will wohl weiter. „Dat is näämlich gar kein Weech!", wird noch hinterhergeschoben. Och man, jetzt hatte ich schon gedacht wir hätten die Kurve gekriegt. Aber es folgt ein Vortrag über „die Witterung" und „das Wild" und „den Regen". Und dass man daran auch mal denken sollte. Gute Frau, ich denke beständig an „das Wild". Frag mich allerdings wie weit dieses inzwischen weg ist, wo wir hier schon minutenlang lautstark im Wald diskutieren. „Und dann die nächste Steigung?" Jawoll, sie hat es begriffen! Ich frohlocke. Doch zu früh gefreut. Denn das gefällt ihr anscheinend gar nicht: „Uns issess schon lieber, wenn die Leute auf'm Weg bleiben." Ah, wer ist denn jetzt „uns"? Dackel und sie? Ist ja schade, dass „ihnen" anscheinend nicht gefällt, was ich hier mache, aber mir wird die Sache jetzt zu blöd und ich mache mich auf den Weg. Leider hat sie kein Schießgewehr dabei und Dackel wird auch nicht auf mich losgelassen, sodass sie mich nicht aufhalten kann. „Abba schön auf'm Weg bleiben!", folgt noch und: „sonst bin ich da oben auffem Hochsitz und, ähh…" Ja, und was? Knall dich ab wie einen räudigen Hund? Nein, mitnichten: „Ähh … mache auch Fotos." Ah, anscheinend ist dies ihr Problem: meine Kamera, die die ganze Zeit mitläuft und die Konversation aufgenommen hat, sodass ich sie im Nachhinein so schön wiedergeben kann. Da oben soll wohl keiner hin und anscheinend auch keiner Fotos machen. Wusste gar nicht, dass Fotos machen im Wald verboten ist. Ist es auch nicht, genauso wenig wie das Betreten des Waldes und so gehe ich weiter. Nur, damit mir noch hinterhergerufen wird: „Und nich, dat dat für andere Leute verwendet wird. Dann iss nämlich watt loss hier!" Och schade! Eigentlich hatte ich vor hier eine richtig fette Instagramm-Story von meiner Besteigung des Knippen (457 m; 50.924547 °N, 7.857571° O) zu machen…

Seit meinem Start mache ich häufiger die Erfahrung, dass manche Bewohner des Landes der tausend Berge irritiert sind was ich hier mache. Man ist so etwas nicht gewohnt. Normalerweise ist es so: an Wochenenden, Feiertagen und in den Ferien kommen die Touristen, also die Rheinländer und die Niederländer und wer weiß ich sonst noch ins Land der tausend Berge, weil es da so schön ist. Man kann im Winter Skifahren und Rodeln und im Sommer noch viel mehr. Es gibt Winnetou in Elspe und Wandertag in Schmallenberg. Es gibt die Bruchhausener Steine und die Tropfsteinhöhle in Attendorn. Da sind (fast) alle Touristen. Abseits davon sind eher wenige unterwegs. Und ich schicke mich also an entgegen jeglicher Touristen-Gewohnheit einfach da lang zu fahren, wie mir das GPS vorgibt. Und das irritiert. Das irritiert mich ja selber, ich weiß ja an Berg 136 nicht, was mich an Berg 137 erwartet und geschweige denn, wo es zu Berg 138 geht. Also theoretisch schon, weil ich die Route ja geplant habe, aber in Wirklichkeit entdecke ich jeden Tag Neuland, ja, jede Stunde. Es ging schon los am Berg Nummer 7 oberhalb der Ruhrauen. Ein namenloser Gipfel mit bescheidenen 268 m Höhe, inmitten eines unvollendeten Neubaugebietes. Am ersten Tag stapfe ich also in der Dämmerung unter stummen, argwöhnischen Blicken der Neu-Hausbesitzer entlang ihrer Gärten, um den höchsten Punkt des namenlosen Gipfels im anliegenden Wald zu finden, egal mit welchen Schwierigkeiten und Unannehmlichkeiten dies auch verbunden ist. Wahrscheinlich ist es sehr verdächtig, wie ich hier in der Dämmerung herumstapfe. Vielleicht wird ausspioniert, wo sich ein Einbruch lohnt? Oder ist es nur ein Verrückter?

Ich gebe ja zu, dass mein Ansinnen etwas unorthodox ist, aber es gilt halt einerseits immer den höchsten Punkt eines Berges, häufig markiert mit einem Granitpfeiler als Markierung des trigonometrischen Punktes, und zweitens die kürzeste Strecke zwischen zwei Bergen zu finden. Und die kürzeste Route zwischen zwei Punkten ist eine gerade Linie. Und bei tausend Bergen hat man dann halt neunhundertneunundneunzig direkte Linien. Und wie kombiniert man die Berge? In welcher Reihenfolge? Die zu Grunde liegende Fragestellung ist bekannt als „Problem des Handlungsreisenden". Aber es gibt ja inzwischen Routenplaner, die nur mit den entsprechenden Daten gefüttert werden müssen und dann die optimale, kürzeste Route ausgeben. So geht es zum Beispiel von Berg Nummer 36, der Schiefen Hardt mit 232 m Höhe in gerader Linie hinunter zur Volme auf 140 m und dann direkt wieder hinauf auf den Eilper Berg mit 379 m. Als Problem stellt sich nur heraus, dass der Routenplaner nicht immer weiß, dass auf dem von ihm vorgeschlagenen Weg seit Jahren oder vielleicht Jahrzehnten kein menschliches Wesen mehr entlanggegangen, geschweige denn gefahren ist. Bäume liegen quer, Gestrüpp und Unterholz erschweren das Fortkommen. Nur als ich dies hier feststelle, bin ich schon fast den ganzen Hang hinuntergeschlittert und habe mitnichten Lust, wieder hinaufzuschieben. Kurz vor der Talsohle erkenne ich durch die Bäume Häuser. Und wo Häuser sind, da wohnen Menschen. Und die fahren mit dem Auto zu ihren. Das GPS führt zielstrebig zu den Häusern hin, nur leider stehen zwischen mir und der Zivilisation mannshohe Brennnesseln, die sich hier in klimatisch günstigem Gefilde großflächig breitgemacht haben. Und warum die sich hier so ungestört breitmachen konnten, erkennt man, wenn man fluchend und stöhnend mit kurzer Radhose, das Rad schiebend und ziehend inmitten des Brennnesselfeldes steht: der vermeintliche Pfad ist straßenseitig mit einem Bewehrungsgitter zugestellt. Damit hier wohl keiner durchgeht. Hat so weit funktioniert. Zum Glück erweist sich die Konstruktion als nicht besonders standfest und so kann ich mich irgendwie aus dem Brennnesselfeld am Gitter vorbei auf die Straße sprich den Wendehammer durchkämpfen. Meine Arme und Beine brennen, dass es eine Wonne ist. Auch ist meine Ankunft nicht unentdeckt geblieben. Aus dem ersten mir zugewandten Haus tönt es aus einem geöffneten, jedoch mit Gardinen verhangen Fenster: „Muss datt denn sein?" Ich schwinge mich auf mein Rad und antworte lautstark „Jau! Muss!", und rolle die letzten Meter hinunter. Unweit mündet die Straße „Am Berghang". Aber das wäre ja zu einfach gewesen.

Zum Glück erwischen mich solche Fehlplanungen nicht zu häufig, so dass ich in den ersten Tagen recht gut vorankomme. Um mein Ziel, die Besteigung von 1000 Bergen in 1000 Stunden zu erreichen, muss ich innerhalb von 24 Stunden 24 Berge besteigen. Im Vorfeld hatte ich kalkuliert, dass ich auf Grund von Nachtruhe und Essens- und Erholungspausen zwischen den einzelnen Gipfeln 25 Minuten Zeit habe. Im Mittel liegen die Gipfel 3,6 km Strecke entfernt. Das ist mit dem Rad eigentlich kein Problem, trotzdem wirft mich jede Verzögerung wieder zurück in meinem Zeitplan. Ich muss mir in den ersten Tagen zugestehen, dass ich zu einer gewissen Hektik neige, mich selbst unter Stress setze meinen Zeitplan einzuhalten. Ich fahre täglich von Sonnenauf- bis Sonnenuntergang um die 100 Kilometer, und bewältige 2000 bis 3000 Höhenmeter. Ich merke bald, dass diese Belastung grenzwertig ist, obwohl es mir körperlich und psychisch soweit gut geht. Ich bin motiviert, obwohl ich feststellen muss, dass 1000 eine ganz schön große Zahl ist, und ich die Berge nur kleckerweise einsammle. Die äußeren Bedingungen zum Radfahren und Bergebesteigen sind soweit gut, es ist noch recht frisch Anfang Juni und nur ab und zu zwingt mich ein Regenschauer zu einer längeren oder kürzeren Pause. Doch in der zweiten Woche ändert sich das Wetter und es wird sommerlicher. Erst freue ich mich über die Sonne und die wärmeren Temperaturen, doch dann wird es nach und nach belastender.

Irgendwann ist es nicht mehr nur warm, es ist heiß. Sehr heiß an diesem Nachmittag. Fast 30 Grad Celsius hier im Schatten auf dem Hagen. Leider muss ich wieder aus dem Wald hinaus aufs offene Feld. Hier brennt die Sonne erbarmungslos auf mich hinab. Mein Blick geht in Richtung Diemelsee. Ich habe Hunger. Durst macht sich bemerkbar. Eigentlich nicht wirklich Durst, eher ein Verlangen nach

etwas Kühlem, Kalten. Ich halte an einer Bank oberhalb des Diemel-
sees. Auf einmal bin ich platt und demotiviert. Also erschöpft bin
ich schon häufiger, aber diesmal ist es anders. Die Sitzbank ist zwar
in der prallen Sonne, dennoch mache ich eine Pause. Schon wieder
eine Pause. Ich kann nicht weiter, ich will nicht weiter. Es kommt
mir so vor, als ob ich nur noch Pausen mache. Ich knabbere lustlos
an einem Riegel, trinke mein lauwarmes Kohlenhydrat-Elektrolyt-
Power-Getränk. Nicht weit entfernt, unten am Diemelsee, liegen die

Campingplätze mit Badestrand. Ich höre die Stimmen und das Lachen der Kinder, die sich dort im kühlen Wasser vergnügen. Doch
ich sitze hier oben auf der Bank. Dort unten gibt es bestimmt einen
Kiosk, an dem ich etwas kaufen könnte. Ich muss eigentlich nicht,
ich habe noch genug zu trinken, aber ich würde ja gerne. Ich würde
ja auch gerne in den Diemelsee springen, der Hitze entgehen. Das
Lachen der Kinder erinnert mich schmerzlich an meine Söhne, die
bestimmt jetzt zu Hause auch im Planschbecken sitzen oder vielleicht sind sie ja auch ins Schwimmbad gefahren? Ich fühle mich
alleine und verloren mit meiner tollen Idee, 1000 Berge besteigen
zu wollen. Vielleicht ist meine Motivation auch angeknackst, weil
ich schon wieder die Route ändern muss. Schon wieder nicht das
geschafft habe, was ich geplant habe. Wieder verliere ich Zeit und
Berge und sitze hier immer noch in der Sonne und schwitze. Doch
durch Herumsitzen wird es auch nicht besser. Nach einer gefühlten
Ewigkeit raffe ich mich auf und besteige den nächsten Berg, den
Schörenberg. Er interessiert mich nicht wirklich.
So wie die Mittagshitze kommt geht sie auch wieder, mit kühleren
Temperaturen und Nachtruhe kommt auch die Motivation zurück.
Und eine Abwechslung vom teilweise monotonen Bergesammeln
gibt es für mich in Marsberg, wo ich mit dem Bilstein den östlichsten
der 1000 Berge besteige. Und es gibt einen kleinen Empfang von
den netten Damen des Fremdenverkehrsvereins Marsberg. Über Bekannte haben sie erfahren, dass ein „Extrembergsteiger" hier durch-
kommt und wollen sich mit mir treffen. Eine Reporterin der Lokal-
presse ist auch dabei. Es werden Fotos gemacht und völlig unerwartet
bekomme ich einen Haufen Geschenke. Man hat sich Gedanken gemacht, was ich als Extrembergsteiger denn alles gebrauchen könnte,
und von Wasser über Schokoriegel gibt es noch Aufkleber, einen
Stadtplan und einen Flaschenöffner für die ebenfalls mitgebrachte
Flasche einheimisches alkoholfreies Weizenbier. Und zur Krönung
hat man mir aus der heimischen Papierfabrik noch eine Rolle Klopapier mitgebracht. Den Damen vom Fremdenverkehrsverein ist es
etwas peinlich, mir die Rolle Klopapier zu überreichen, aber klar ist:
die kann ich auf jeden Fall gut gebrauchen. Bisher ist es so, dass ich
mich in Gasthöfen, auf Tankstellen oder in Imbissen auf der Toi-
lette mit jeweils ein paar Blättern Klopapier ausstatte, die bis zum
nächsten Stopp reichen müssen. Und jetzt bekomme ich neben den
ganzen Fressalien eine komplette Klopapierrolle geschenkt. Ja, wo

soll ich die denn hintun? Ich habe ja sowieso kaum Gepäck und nur ein paar Rahmentaschen dabei, und so eine komplette Rolle neben den ganzen anderen Dingen zu verstauen, ist ein echtes logistisches Problem. Aber ich bekomme alle Geschenke, inklusive alkoholfreiem Weizenbier und Klopapierrolle, irgendwie verstaut, und nach dem kurzen, aber herzlichen Empfang geht es für mich weiter, denn es warten ja noch weitere 685 Berge auf mich.

Am nächsten Anstieg beschäftigt mich dann die Frage, wie ich das alles wieder loswerden respektive verzehren soll. Die gläserne Halbliter-Weizenbierflasche drückt in der Trikottasche am Rücken und für die Konsistenz der Schokoriegel sind die steigenden Temperaturen sicherlich auch nicht gut. So lege ich auf der Auffahrt zur Haart eine Pause ein und mache mich über die Geschenke her. Na ja, „darüber hermachen" ist übertrieben. Das Malzbier trinke ich noch gerne, das schmeckt mir. Aber direkt danach, morgens um halb zehn, einen halben Liter alkoholfreies Weizenbier zu trinken, ist schon harter Stoff. Vor allem, weil ich Weizenbier eigentlich gar nicht mag. Zudem ist es lau- beziehungsweise pisswarm. Aber wegschütten geht ja auch nicht. Erstens ist es ein Geschenk und zweitens brauche ich jeden Milliliter Flüssigkeit, der geht. Also rein mit dem Zeug. Nicht, dass ich denke, dass es schlechtes Weizenbier wäre, weil es aus Marsberg kommt. Morgens um halb zehn überfordert mich dies aber einfach in kulinarischer Hinsicht. Auch die Schokoriegel sind schon bedenklich weich, gehen aber besser runter (wenn man sie mit alkoholfreiem Weizenbier hinunterspült). Kohlenhydrate sind Kohlenhydrate und so kann ich weiterfahren.

Besonders viele soziale Kontakte habe ich auf dieser Tour nicht. Da ich ja den größten Teil des Tages auf irgendwelchen Feld- und Waldwegen herumfahre bin ich insbesondere unter der Woche alleine unterwegs. An den Wochenenden kommt es dann schon einmal vor, dass ich völlig unerwartet in größere Ansammlungen von Ausflüglern gerate, die sich aber immer an einzelnen Punkten konzentrieren, dort massiv und in großer Zahl auftauchen und sich aufhalten. So zum Beispiel am Kaiser-Friedrich-Turm bei Hagen mit angeschlossener Waldgaststätte, wo sich alles zu treffen scheint, was nicht gerade zuhause auf der Veranda sitzt. Kinder mit ihren Eltern und Eltern mit ihren Kindern und Oma und Opa dabei und Mütter, die mit ihren Jüngsten und deren tropfenden Eis kämpfen, verliebte Pärchen, die ausgiebig Selfies oben auf dem Turm machen. Oder am

Möhnesee am Torhaus. Hier regiert Sonntagnachmittags das Chaos. Autos hier, Autos da, Spaziergänger kreuzen die Straße, Motoräder bremsen ab und geben Vollgas, E-Biker-Rentner stehen unschlüssig am Straßenrand. Bei meiner Straßenüberquerung werde ich fast von einem Cabrio über den Haufen gefahren.

Mir wird dann fast wirr im Kopf von dem ganzen Trubel. Eigentlich suche ich ja die Ruhe und Entspannung in den grünen Wäldern, aber an einzelnen Punkten scheint sich alles zu sammeln. So verlasse ich diese Touristenmagnete immer so schnell wie es geht und tauche ab in die Stille der Wälder. Aber auch dort bin ich nicht immer allein. Nun ist es ja so, dass die Forstwege durch den Wald teilweise so ausgebaut sind, dass mancher sie durchaus mal mit einer Landstraße verwechseln könnte. Und so kann es sein, dass man plötzlich meint, auf dem grob geschotterten Forstweg mitten im Arnsberger Wald käme einem ein weißes Mercedes Coupé entgegengerollt. Eher langsam kriechend als „sportlich, agil, expressiv", wie die Mercedes-Coupé-Werbung verspricht. Man mag an seinen Sinnen zweifeln und denken, dass man halluziniert. Aber anstelle eines Revierförsters in seinem Suzuki kommt einem weit entfernt von jeder asphaltierten Landstraße ein blütenweißes Mercedes Coupé entgegen gerollt. Der männliche Wagenlenker hat derweil sein Seitenfenster heruntergefahren. Nach einer kurzen Begrüßung fragt er unsicher: „Darf man hier fahren?" Ich muss sagen, ich hatte viel erwartet, aber nicht solch eine Frage. Ich antworte freundlich und diplomatisch: „Das glaub ich kaum ..." Ich informiere ihn, dass für sein Automobil der weitere Verlauf des gewählten Streckenabschnittes wahrscheinlich mit Lackschäden verbunden sein wird, sollte er seine bisherige Fahrtrichtung beibehalten. Derweil versinkt auf dem Beifahrersitz seine junge blonde weibliche Begleitung immer tiefer im Sitz. Wohl um zu signalisieren, dass er die Situation noch voll im Griff hat, erwähnt der Jüngling, dass er gar nicht erkannt habe, dass man den gewählten Abzweig nicht hätte nehmen dürfen. Nun gut, der gewählte Abzweig war die Zufahrt zu einem Friedhof und beim Übergang zum Waldweg stehen dann ja immer so komische Schilder. Aber kann man ja mal übersehen. Vor allem mit so einer hübschen Begleitung im Auto. Oder gerade wegen der hübschen Begleitung im Auto? Na, egal. Ich empfehle dem Pärchen, doch besser wieder umzudrehen, auch in Hinblick auf die Auslegung ihres Automobils. Ich kann leider nicht berichten, ob der Trip noch erfolgreich war, denn so schnell wie ich gekommen war, trennen sich auch wieder unsere Wege. Die meisten Menschen, die ich auf meinem Weg treffe sind Wanderer, der eine oder andere Waldarbeiter oder Förster. Insgesamt sehe ich wohl mehr Rehe als Menschen und der ein oder andere Fuchs oder eine Rotte Wildschweine kreuzt meinen Weg. Bei Bad Berleburg sehe ich einen der Wisente, die hier (noch?) frei herumlaufen dürfen.

Wenn man eine Reise macht, dann sollte man sich vorbereiten. Sich über die örtlichen Gegebenheiten informieren, sich vorher quasi in Land und Leute schon mal einlesen. Damit man keinen Kulturschock erleidet. Insbesondere als Individualtourist, so wie ich es bin. Doch dies habe ich wohl versäumt. Und so bin ich nicht vorbereitet. Zwar habe ich bald Hunderte von Bergen im Land der tausend Berge bestiegen, selbst den höchsten des Landes, den Langenberg mit 843 Metern, bezwungen. Habe Tage und Stunden in diesem Land verbracht, aber was mich in Willingen erwartet, darauf bin ich nicht vorbereitet. Schon als ich das Tal der Hoppecke hinabfahre höre ich eine laute Männerstimme, die irgendetwas brüllt. Nun, das kommt schon einmal vor, dass jemand im Wald brüllt, denke ich mir. Ich widme diesem Umstand keine weitere Bedeutung zu. Aber je weiter ich talwärts fahre, umso mehr schallen mir laute Stimmen durch den immer lichter werdenden Wald entgegen. Es schwillt zu einem Gegröle an, dass ich nicht zuordnen kann. Willingen selber kündigt sich an durch Baustellen und Skiliftanlage und zugehörige Parkplätze und dann: Ja, dann bin ich da. Was hatte ich mich gefreut, jetzt in gemütlicher Atmosphäre in einem netten Lokal oder auch einem Imbiss mein Abendessen zu mir zu nehmen, um mich dann im nahe gelegenen Supermarkt für den Abend zu versorgen. Noch zwei Dosen Bier mitzunehmen, um dann den Höhepunkt meiner Tour, die Besteigung des höchsten Gipfels des Landes der tausend Berge, beim Sonnenuntergang zu feiern. Ja. Feiern, da bin ich wohl richtig. Darum geht es anscheinend hier.

Auf meinem Weg Richtung Stadtzentrum muss ich schon Slalom fahren, weil von überall Zombies auftauchen, die torkelnd die ganze Straßenbreite in Anspruch nehmen. Die Nüchternen unter den Zombies brüllen „AAAchtunggg!!", sobald ich mich nähere, da sie anscheinend Angst haben, dass ich ihre Zombiekollegen einfach über den Zombiehaufen fahre. Mach ich aber nicht, sondern rolle ungläubig über die Hauptstraße. Was ist denn hier los? Menschenmassen, wohin ich blicke. Der größte Teil betrunken. Augenblicklich verflüchtigt sich bei mir die Lust, hier irgendwo anzuhalten. Ich steuere den Supermarkt am Rand der Stadt an. Auch hierhin haben sich einige Zombies verirrt auf der Suche nach flüssigem Nachschub. Zielstrebig wanken sie zu den Kühlschränken und Bierregalen. Gut, dass es hier genug Auswahl gibt. Leichten Unmut gibt es wegen der einzigen offenen Kasse. Doch die resolute und trotz der Umstände erstaunlich entspannte Kassiererin arbeitet die Schlange der durstigen Zombies, in die auch ich mich eingereiht habe, ruhig nach und nach ab. So warten wir zusammen mehr oder weniger ungeduldig, bis wir an der Reihe sind.

So schnell wie ich gekommen bin verlasse ich Willingen auch wieder und will in die Stille der Upländer Wälder eintauchen, doch so leicht komme ich nicht davon. Denn die umliegenden Waldgebiete sind nicht nur mein Ziel, sondern auch das verschiedener Zombiehorden, die mit Planwagen auf den Forstwegen herumgekarrt werden. Inklusive Bierfass und lauter Musik. Doch die Zombies behelligen mich nicht, sie bleiben auf den vorgeschriebenen Wegen, und ich hake schnell, kurz und leise den Hegekopf ab. Auf dem Neuen Clemensberg am Rande eines Steinbruches erlebe ich dann einen Kontrast, den ich kaum verkraften kann. Zwar erschallen aus der weiten Ferne noch Gegröle und laute Stimmen des naturverbundenen Partyvolkes, aber hier oben auf dem Gipfel steht eine Windharfe, die, bedingt durch die leichte Sommerbrise, die hier weht, atmosphärische Klänge zaubert. Erst bin ich skeptisch, was dieses „Künstlerobjekt" angeht, doch nach wenigen Minuten auf dem Gipfel nimmt mich der harfengleiche Singsang gefangen. So sitze ich im Sonnenuntergang auf der Gipfelbank während hinter mir im Tal das Zombievolk dem samstäglichen Höhepunkt entgegenstrebt.

Die Auflösung, weshalb es hier zu solch einer Ansammlung von zweifelhaftem Partyvolk kommt, erhalte ich gut 24 Stunden später, nachdem ich meine kleine 20 Berge-Runde um Willingen gemacht habe und mich vorsichtig wieder diesem Zentrum des ausgelassenen Spaßes nähere. Ich bin auf der Kahlen Pöhn, auf der es so ist, wie der Name sagt: kahl und eine der wenigen schönen Hochheiden, es hier noch gibt. Ich sitze auf einer Bank und der Wind bläst immer wieder Geräuschfetzen zu mir herüber. Es ist etwas Wummerndes, Hämmerndes. Etwas in einer sehr tiefen Tonlage, so wie ein Basston, den der Wind zu mir trägt. Ich denke mir nichts dabei und verlasse die kahlen Höhen. Doch je weiter ich nach Norden fahre, desto deutlich werden die Töne, die zu mir getragen werden. Und bald kann ich es identifizieren. Es handelt sich um Musik. Ja, also wenn man als Definition für Musik „ein Werk aus organisierten Schallereignissen" als Maßstab anlegt. Je weiter ich nach Norden fahre, desto deutlicher und differenzierter werden die organisierten Schallereignisse, und als ich dann den Ohrenberg besteige, gibt es wahrlich etwas auf die Ohren. Am Aussichtspunkt kann ich, keinen Kilometer Luftlinie entfernt, den Grund für die Beschallung ausmachen. „Viva Willingen – Das Festival der guten Laune" tobt unweit von mir. Und gute Laune bedeutet hier so viel wie Partyschlager. Jetzt ist es kein untergründiger Basston mehr, der meine Ohren erreicht, sondern ganz Willingen, ja das ganze Tal wird beschallt durch die organisierten Schallereignisse zweifelhafter Qualität von der Open-Air-Bühne zu meinen Füßen. Ein „Moderator" ist gerade dabei, dem Publikum einzuheizen: „Haaabt ihr aaalleee waaass zu saufäään???", grölt er in Richtung Menge, untermalt von einem treibenden Schlagerrhythmus. „Jaaaaaaa!" kommt aus tausend Kehlen zurück. Na, dann ist ja alles klar! Welchem Interpreten wir gerade lauschen dürfen, kann ich leider nicht feststellen, da ich mich in diesem Genre zu wenig auskenne.

Mit geteilter Freude sehe ich meinem Abendessen in Willingen entgegen, aber im Gegensatz zu gestern weiß ich ja jetzt, worauf ich mich einlasse. Zuerst muss ich noch kurz auf den Imberg, dann geht es abwärts. In Willingen ist es eigentlich genauso wie gestern. Die Kneipen und Restaurants sind zum Bersten gefüllt. Aber augenscheinlich gibt es heute weniger Zombies auf der Straße. Eventuell, weil diese noch alle auf dem Festivalgelände eingesperrt sind und durch den stampfenden Rhythmus gerade hypnotisiert werden. Ich fühle mich so, als ob ich zu Karneval unverkleidet durch Köln laufe. Da gehört man dann auch nicht dazu. Alle sind lustig, die eine oder andere Alkoholleiche liegt in der Ecke. Die Wildpinkler genieren sich wenig, wenn sie sich an der Hecke erleichtern. Also alles ganz normal für einen Rheinländer. Schnell bin ich beim Supermarkt und schnell bin ich wieder raus aus Willingen. Dies war mein zweiter und vorerst auch letzter Besuch hier. Laut Stadtmarketing gibt es in Willingen „mehr, als Sie erwarten". Stimmt. Sorgen bereitet mir noch, dass es bald dunkel wird und ich keine Lust habe, noch die halbe Nacht „Wie heißt die Mutter von Niki Lauda? - Mama laudaaa" und „Saufi saufi" zu hören, also muss ich genügend Berge zwischen mich und diesem Stern am Partyhimmel legen. Dies gelingt mir auch mit dem Rothekopf und am Hundeschütt ist es fast schon wieder idyllisch ruhig, so dass ich mein müdes Haupt auf das Laub betten kann und mich der modrige Duft des Waldbodens ins Reich der Träume begleitet.

Irgendwann kommt er. Der tiefste Punkt. Das Loch, aus dem du nicht mehr herauskommst. Unvorhergesehen und plötzlich gähnt es dich an. Der Antrieb ist verschwunden, die Aufgabe scheint nicht mehr machbar. Zu groß, zu gewaltig die Hürden, die sich in den Weg stellen. In meinem Fall ist es einfach die schiere Anzahl von Bergen. 1000 Berge. Wie konnte ich so bescheuert sein und die in so einer kurzen Zeit besteigen zu wollen? Das, was mich reizte, macht mich jetzt fertig. Es hat mich zermürbt, das ewige Auf und Ab, ohne wirklich von der Stelle zu kommen. Die Hitze, die Kälte, die Mücken, der Hunger, die Schmerzen, alles macht mich fertig, nervt mich. Ich will es nicht mehr. Ich sitze in Freienohl. Wusste ich vorher, dass es Freienohl gibt? Nein. Werde ich es hinterher wissen? Dörfer und Menschen, Straßen und Berge kommen und gehen, Namen fliegen vorbei, ich weiß gar nicht mehr, wo und wann ich überhaupt schon wie gewesen bin. Ich sitze an irgendeiner Tankstelle auf dem Bordstein und lutsche an meinem zweiten Speiseeis. Ich bin frustriert. Mein Plan war es, jeden Tag mindestens 24 Berge zu besteigen und so nach 42 Tagen fertig zu sein. Aber ich werde immer langsamer, immer weniger Berge stehen auf der Haben-Seite und immer mehr häufen sich auf der Nicht-Haben-Seite an. Obwohl ich jetzt mit einer Unterbrechung seit 19 Tagen jeden Tag von Sonnenauf- bis Sonnenuntergang unterwegs bin, schaffe ich es nicht, meinen selbst gesteckten Plan zu erfüllen. Inzwischen bin ich 18 Berge im Rückstand. Das ist fast ein ganzer Tag. Und ich habe überhaupt keinen Bock mehr, noch einen Tag dranzuhängen. Geschweige denn, dass ich überhaupt noch einen weiteren Tag Zeit hätte. Ich weiß nicht, wie ich es noch schaffen soll.

Und während ich da in der Sommerhitze in Freienohl an der Tankstelle herumsitze, macht sich ein Gedanke breit: Wie wäre es denn, jetzt einfach nach Hause zu fahren? Duschen, essen, schlafen und die beschissenen Berge einfach zu vergessen. Ich könnte ja irgendwann mal wieder hierhinkommen und weitermachen. Und wenn es ein Jahr dauert! Die Berge besteige ich, das wäre doch gelacht. Aber bitte jetzt nicht mehr, nicht weiterfahren. Jetzt nicht. Zum Bahnhof ist es nicht weit, in zweieinhalb Stunden wäre ich zu Hause. Und es wäre vorbei. Doch ich zögere? Einfach so aufgeben? Aber ist es andererseits denn nicht sinnlos weiterzumachen? Ich schaffe es doch eh nicht. Jeden Tag werden es mehr Berge, die ich nicht schaffe. Ist doch eh eine bescheuerte Idee, die ich hatte. Ich weiß, dass ich nicht ewig hier unschlüssig im Schatten der Tankstelle herumsitzen kann. Ich habe meine Route schon verlassen um zu dieser Tankstelle zu kommen. Der Bahnhof ist nicht weit entfernt. In einer halben Stunde geht der Zug Richtung Rheinland. Im Nachhinein weiß ich nicht mehr, wie oft ich diese Gedanken hatte, einfach alles hinzu-schmeißen, aufzugeben und nach Hause zu fahren. Das Problem ist,

dass diese Reise vor meiner Haustür stattfindet. Zwar habe ich inzwischen über 1600 Kilometer zurückgelegt, dennoch bin ich aber immer noch gleich weit von zu Hause entfernt. Wäre ich diese Strecke in eine Richtung gefahren, so befände ich mich jetzt in Spanien, auf dem Balkan oder in Norwegen. Von da ginge es nicht so einfach so in zweieinhalb Stunden zurück nach Hause wie aus Freienohl. Von daher ist es so verlockend, so einfach, alles bleiben zu lassen. Und vielleicht hätte ich es auch gemacht, jetzt und hier, wenn nicht, ja, wenn es nicht auf einmal getönt hätte: „Na, Herr Hülsemann. Wie viel Berge hamm wa denn heute schon?" Ich schrecke verwirrt aus meinen Gedanken auf. Was war das für eine Stimme? Wer kennt mich denn hier? Der Besitzer der Stimme ist schnell lokalisiert, denn er grinst mich aus einem heruntergekurbelten Fenster an, während er mit seinem Wagen an der roten Ampel steht. Ohne überhaupt die Situation zu realisieren, antworte ich wahrheitsgemäß: „Äh, zwölf habe ich bis jetzt." Die Ampel springt auf Grün, und bevor mein mir unbekannter Gesprächspartner Gas gibt, ruft er noch: „Na, da muss aber noch was kommen heute!" Und weg ist er. Ich sitze wie paralysiert mit meinem tropfenden Eis in der Hand da. Was war das denn? Und wer war das denn? Und langsam dämmert mir, was da gerade passiert ist. Mitnichten ist mir der junge Herr bekannt, der mich da gerade aus dem Auto heraus angesprochen hat. Aber er muss mich erkannt haben, das ist klar. Es mag wohl an dem Radtrikot liegen, welches ich trage. Erstens ist vorne groß das „Thousand Mountains-Whisky"-Label drauf und zweitens steht hinten auch noch „1000 Berge - 1000 Stunden".

Ich gehe jede Wette ein, dass ich, wäre ich völlig anonym bis dato im Land der tausend Berge unterwegs gewesen, in Freienohl (und wenn nicht schon früher) in den Zug gestiegen wäre und aus wäre es gewesen. Zu anstrengend, zu frustrierend diese Besteigungsorgie. Aus Erfahrung weiß ich, dass solch ein Punkt wahrscheinlich irgendwann kommen wird. Nur wann und wo, das ist mir natürlich unbekannt. Aber ich habe meine geplante Befahrung der 1000 Berge im Vorfeld publik gemacht. Einerseits natürlich Freunden, Bekannten und Arbeitskollegen davon erzählt, aber auch Sponsoren gesucht und nicht zuletzt klassische Medien informiert und kurze Berichte in sozialen Netzwerken veröffentlicht. Der WDR war mit einem Reporter mal ein paar Berge mit mir zusammen unterwegs und hat einen kurzen Bericht gesendet. So bin ich nicht völlig anonym unterwegs, sondern werde ab und zu schon mal auf meine Tour angesprochen. Und da kann ich mir jetzt natürlich nicht die Blöße geben und mich von Freienohl klammheimlich nach Hause schleichen. Und so kommt es, dass ich eine Viertelstunde nach meiner Begegnung an der Tankstelle an diesem, meinem schwächsten Tag im Land der tausend Berge, nicht um 17:48 im Sauerland-Express nach Hause sitze, sondern trotz aller Widrigkeiten auf dem Geitenberg oberhalb von Meschede-Wennemen stehe, meinem Berg Nummer 439.

Aus logistischen Gründen habe ich die Tour in fünf Blöcke aufgeteilt. So bin ich jeweils ungefähr sieben bis zehn Tage unterwegs und mache dann jeweils 72 Stunden Pause. Als Familienvater und auf Grund meiner Arbeit war es nicht anders zu lösen. Gerne hätte ich natürlich die 1000 Stunden hintereinander abgerissen, aber dies war organisatorisch nicht möglich. Während der kurzen dreitägigen Pausen stelle ich mein Rad im Land der tausend Berge unter, so kann ich jeweils exakt nach 72 Stunden wieder dort starten, wo ich aufgehört habe. Natürlich sind diese dreitägigen Pausen auch hilfreich für die Regeneration und Motivation, denn ich bin nach so einem mehrtägigen Block mit 800 bis 1000 Kilometern schon deutlich körperlich angeschlagen.

Dank dieses Systems schaffe ich es, dass ich nach 522 Stunden netto meinen 500. Berg mit dem Rad befahrend besteige, die Wicheler Höhe. Es ist ganz schön hier oben. Früher stand hier der Löcketurm,

benannt und zu Ehren des ehemaligen Arnsberger Bürgermeisters Max Löcke, aber schon Ende der 1950er Jahre wegen Baufälligkeit abgebrochen. So sitze ich jetzt ohne Ausblick auf einer Holzbank im Wald und feiere mein Bergfest. Wie Wikipedia weiß, ist der Begriff Bergfest eine Metapher und gilt eigentlich für die Hälfte einer festgelegten Zeit und nicht wie für mich für die Hälfte einer Aufgabe, aber: „Das Symbol Berg deutet an, dass der bereits absolvierte Abschnitt anstrengend oder anderweitig anspruchsvoll gewesen ist, und dass man den verbleibenden Abschnitt trotz gleicher Länge mit eventuell weniger Anstrengung zu bewältigen hofft." Und so ist es auch für mich: ich hoffe, dass es jetzt besser wird, dass die zweite Hälfte leichter geht und ich meinen Rückstand von 22 Stunden aufholen kann. So halte ich mich auch nicht länger als unbedingt nötig auf dem Gipfel auf, sondern starte, um die letzten 500 Berge zu besteigen. Ich bin so motiviert, dass ich schnell den Gipfel verlasse und auf den kleinen Pfaden bergab rase, um erst kurz vor dem Tal festzustellen, dass ich vergessen habe, mein Gipfelfoto zu machen. Und dies vom 500. Berg! Also umdrehen und wieder hinauf. Das geht ja gut los, wenn ich so kopflos in die zweite Hälfte des Landes der tausend Berge starte, dann wird das nichts mehr mit den 1000 Stunden. Inzwischen bin ich auch entspannter was meine Aufgabe angeht. War ich in den Anfangstagen noch hektisch und im Stress die Berge besteigen zu müssen ist dies einer relativen Gelassenheit gewichen. Ich weiß inzwischen, dass ich einfach nur weitermachen muss, die Berge kommen schon. Klar ist es immer noch anstrengend, aber ich kann es inzwischen mehr genießen. Vor allem genieße ich die Kalorienzufuhr. Ich kann inzwischen essen so viel ich will, das Limit ist die Magenfüllung. Fahre ich hinab ins Tal und verpflege mich, geht es hinterher mit vollem Ranzen und spannendem Trikot wieder hinauf. Nur damit ich zwei Stunden später wieder Hunger habe. Die Logistik wird immer entscheidender. Ist der Magen voll, fährt der Radfahrer. Aber es erwischt mich auch schon mal, dass ich zitternd im Wald stehe und nicht weiß, wie ich die Kurbel noch einmal herumdrehen soll. Dafür habe ich einen Notvorrat an Powergels und Getränkepulver dabei. Das hilft bis zur nächsten Pizzeria oder Tankstelle. Trotzdem ist mir bewusst, dass mich die Nahrungsmittelversorgung zu viel Zeit kostet. Zeit, in der ich besser Berge besteigen könnte. Bei der Planung der Tour hatte ich meine Freund Tilmann daher mal gefragt, ob er mir helfen würde, mich quasi mit dem Auto betreuen würde. Nicht die ganze Zeit, aber schon mal so ein verlängertes Wochenende. So erhalte ich an zwei Wochenenden logistische Unterstützung. Abgesehen davon, dass Tilmann bei unserem ersten Treffen im Land der tausend Berge direkt eine Pizza mitbringen darf, habe ich so etwas Abwechslung. Ich fahre durch den Wald und alle paar Berge treffen wir uns an einem Gipfel und besteigen den zusammen. Wir quatschen und liegen abends auf einem Feld oder sitzen im Restaurant. Tilmann filmt und fotografiert und wir schlagen uns zusammen durchs Unterholz auf irgendwelche Berge. Dann bin ich wieder alleine unterwegs und genieße dies auch wieder.

Auch mit der Hilfe von Tilmann kann ich Boden gutmachen, was meine 1000 Stunden angeht, ich schaffe es 178 Stunden nach meinem Bergfest den 700. Berg zu besteigen. Damit bin ich wieder im Zeitplan! Allerdings wird es immer früher dunkel und ich muss rasten, schlafen. Aber während ich schlafe, läuft die Zeit weiter, so dass ich morgens früh wieder im Minus bin. So fange ich jeden Morgen an der Zeit hinterherzulaufen und aufzuholen. Um dann wie jeden Abend wieder im Plan zu sein. Es erscheint mir wie eine nicht enden wollende Schleife, wie jeden Tag grüßt das Murmeltier, jeden Morgen beginne ich mit einem Rückstand, den ich aufholen muss. Abends bin ich häufig so hundemüde, dass es mir völlig egal ist, wo ich mich hinlege. So auch in Kirchundem. Bei Ali im Imbiss gab es um halb elf noch etwas zu essen, dann kann und will ich aber nicht mehr. An einer Sitzbank beim Aufstieg zur Heilig-Kreuz-Kapelle ist Schluss. Es ist mir egal, dass hier kaum ein Platz ist sich hinzulegen. Ich bin gefahren bis es stockduster ist, und da kein Regen droht lege ich mich einfach irgendwo hin mit Isomatte und Schlafsack.

Mein Tagespensum steigert sich immer mehr. Ich stehe früher auf, ich fahre länger. Ich besteige mehr Berge. Ich bin besessen von dem Ziel, ich merke, dass ich es schaffen kann. Unweigerlich stellen sich aber körperliche Probleme ein. Die Muskulatur macht immer häufiger schlapp. Es gibt Vormittage, da kann ich quasi nur mit einem Bein treten, weil das andere so schmerzt. Abends wird mir bei den letzten Anstiegen des Tages übel vor Anstrengung, ein Zeichen, dass ich mein körperliches Limit ausreize. Ich rette mich mit letzter Kraft in die nächste drei-Tage Pause.

Als ich für meine letzten Berge nach exakt 72 Stunden Pause wieder mit dem Zug im Sauerland ankomme, werden hier schon die Bürgersteige hochgeklappt. Ich steuere das örtliche Dönerrestaurant an, wo sich noch das heimische Jungvolk tummelt. Ich esse so viel ich kann, denn obwohl es bald dunkel ist muss ich noch etwas besteigen. DASS ich heute noch einen Berg besteigen muss heißt noch lange nicht, dass ich weiß WIE ich ihn genau besteigen kann. Dies liegt daran, dass dieser Berg eigentlich ein Steinbruch ist. Und das stellt mich vor mehrere Probleme: Erstens: was ist eigentlich von dem ursprünglichen Berg noch übrig? Zweitens: wo befindet sich derzeit der höchste Punkt? Und drittens: kann ich überhaupt dorthin gelangen? Mein erster Versuch im Dämmerlicht von Norden aus endet relativ schnell an einem Schlagbaum. Schilder warnen vor dem Betreten und auch Zäune und Stacheldraht erwecken nicht den Anschein, als ob ein Betreten von dieser Seite aus sinnvoll geschweige denn erwünscht sei. Und die erreichte Höhe von dieser Seite ergibt sich auch nur zu lächerlichen 525 m, bei einer ursprünglichen Höhe von 639 m ist dies natürlich bei weitem nicht das, was unter einem Gipfelerfolg zu verstehen ist! Ein Blick nach oben zeigt, dass sich die noch vorhandene Kuppe dieses ehemalig stattlichen Berges nicht viel höher erstreckt als was hier auf legalem Wege zu erreichen ist. Von daher braucht sich auch keiner Gedanken bezüglich einer (mit Sicherheit illegalen) Betretung des Betriebsgeländes zu machen. Denn es gibt ja auch noch den Südgipfel, mit 624 m zwar niedriger als der eigentliche ursprünglich höhere Nordgipfel, aber den gibt es ja nicht mehr. Der befindet sich jetzt gebrochen und gesprengt, gemahlen und zerkleinert auf oder unter den Straßen dieser Republik. Also wieder runter und um den Berg herum um zum Südgipfel zu kommen. Inzwischen ist es dunkel, kein Mond am Himmel, aber die ersten Sterne zeigen sich. Auf leeren Forstwegen und Straßen fahre ich den Angaben des GPS folgend. Man soll sich dem Steinbruch nähern können bis halt irgendwann der unweigerliche Schlagbaum kommen wird. Kommt auch. Stacheldrahtbewehrt, genauso wie der Zaun, der hier rechts und links vom Tor wegläuft. Mit meiner Stirnlampe leuchte ich ein bisschen hin und her hier am Ende des erlaubten Weges. Und erkenne dann, dass links von mir eine Fahrspur in den Wald hineinführt. Und hinauf. Na dann, denke ich mir. Wie vielen Fahrspuren bin ich schon gefolgt und habe so noch an Höhe gewonnen. So lasse ich mein Rad zurück und folge den Spuren welche immer entlang des stacheldrahtbewehrten Zaunes verlaufen, welcher jedem deutet: hier sollst du nicht hindurch! Und ich akzeptiere das. Es ist zwar kein riesiger Zaun, aber schon einer der einem das teure Synthetikmaterial zerfetzen würde, was man am Leibe trägt, sollte man es wagen ihn über- oder durchwinden zu wollen. So stapfe ich im Lichtkegel meiner Stirnlampe durch diesen Wald. Vorbei an knorrigen, verkrüppelten Eichen und vereinzelten Bergulmen und immer entlang des Zaunes. Es ist ruhig und friedlich hier im alten Krüppelwald als ich auf einmal aufgrund eines plötzlichen Motorengeräusches aufschrecke. In nicht weiter Entfernung muss ein großes, starkes und lautes Gefährt unterwegs sein. Doch wo? So schnell wie der dumpfe Lärm gekommen ist, ist er auch wieder weg. Ich schaue mich im Licht der Stirnlampe um. Verkrüppelte Eichen, verbogene Schatten, Steinbrocken und ein sumpfig-matschiger Boden umgeben mich. Es riecht holzig-modrig-muffig. Aber nicht alle dieser Eichen sind standfest, wie ich erkenne. Weißlich schimmernd im Schein meiner Stirnlampe liegt ein größeres Kaliber derselben auf dem morastigen, steinigen Boden. Hingerafft durch Zeit und Wind. Und darunter, auch hingerafft: der Stacheldrahtzaun. In dem Moment, in dem ich dieses Ensemble aus Stamm und Zweigen und Stacheldraht und Pfosten erblicke, pocht mein Herz im Hals. Ich befinde mich immer noch deutlich unterhalb des Südgipfels, der bis gerade durch den Stacheldrahtzaun von mir getrennt war. Doch jetzt trennt uns nichts mehr.

Ich fühle mich wie ein kleiner Schuljunge. Ich weiß, dass ich nicht darf... aber die Versuchung ist zu groß. Ein Schritt, zwei Schritte und ich nähere mich dem Südgipfel. Es geht steil bergauf vorbei an Stämmen und Felsbrocken. Ein erneutes Motorengeräusch, diesmal noch lauter. Ich ducke mich, die Stirnlampe bleibt jetzt aus. Trotz Dunkelheit erkenne ich schemenhaft meine Umgebung und mit jedem Schritt und fast auf allen vieren krabbelnd und tastend erklimme ich den Südgipfel. Also was von ihm und dem Wald noch übrig ist. Dann das nächste Fahrzeug, ich höre es. Und ich sehe seine Scheinwerfer. Hinter einer sich scharf abgrenzenden Kante erkenne ich das diffuse Streulicht von Scheinwerfern, die kommen und verschwinden. Im Steinbruch wird auch jetzt noch gearbeitet! Ein frischer Wind weht mir entgegen. Viel zu sehen gibt es nicht. Ist halt dunkel. In der Ferne flackern die Lichter der nächsten Siedlung. Der Steinbruch liegt still und schwarz unter mir. Anscheinend ist jetzt wirklich Ruhe. Ich mache mein obligatorisches Gipfelfoto, was aber nicht viel zeigen wird und verlasse den Südgipfel. Schnell habe ich die umgestürzte Eiche wiedergefunden und bin bald wieder bei meinem Rad. Ich rolle den Berg hinunter. Es ist eine laue Sommernacht und ich bin hellwach. Ich höre entfernt Kirchturmglocken Mitternacht schlagen und wenige Augenblicke später lasse ich mich nieder. Die Aufregung fällt von mir ab und macht der Müdigkeit Platz. Morgen geht es weiter, dies war Berg Nummer 864.

Häufig kommt in dieser Geschichte die Motivation vor. Wieso mache ich das? Was bringt es mir? Bringt es überhaupt etwas? Auch ich stelle mir unterwegs diese Sinnfrage immer und immer wieder. Wenn es gut läuft weniger, wenn es schlecht läuft häufiger. Aber es gibt bei so einer Tour immer wieder Momente für die es sich für mich lohnt so etwas zu machen. Und sie häufen sich üblicherweise gegen Ende einer Reise. Wenn es doch irgendwie absehbar ist, dass man etwas geschafft hat. Aber andererseits, wie erfasst man als Reisender, dass man etwas geschafft hat? Wenn ich in China mit dem Rad losfahre und nach vier Monaten in Istanbul ankomme, dann weiß ich auch, dass ich etwas geschafft habe, denn ich bin 13 000 km in eine Richtung Fahrrad gefahren. Aber es ist sehr abstrakt. Ich kann Anfang und Ende nicht wirklich verknüpfen, der Geist hat damit seine Probleme.

An einem der letzten Abende im Land der tausend Berge sitze ich auf einer Wiese am Sterz. Es ist mein letzter Berg heute mit einem phänomenalen Blick in die Umgebung. Und während ich da so sitze und es dämmert, schau ich in das Rund der mich umgebenden Gipfel. Bei Weitem erkenne ich keine Tausende, vielleicht ein Dutzend, vielleicht zwei Dutzend Gipfel lassen sich von hier bis zum Horizont erkennen. Und mit einem Mal schießt ein Schauer mir den Rücken hinunter. Ich weiß, dass ich auf fast allen dieser Gipfel bereits gestanden habe. Es ist rational kaum vorstellbar, dass ich auf all diesen Gipfeln gewesen bin, dennoch ist es so. Bei diesem Bewusstsein schüttet mein Körper haufenweise Endorphine aus, ich befinde mich in einem euphorischen Zustand, es ist kaum zu beschreiben. Es ist ein Glücksgefühl, was man nur selten hat. Und ich habe es mir erarbeitet. Ich habe darauf hingearbeitet. Monatelang geplant, wochenlang gefahren. Ich genieße es wie dieses Gefühl durch meinen Körper pulst und weiter anhält. Von jetzt an jagt mir auf fast jedem Gipfel, von dem ich ins Rund schauen kann, ein Schauer über den Rücken. Ich weiß ich bin ein Junkie, ich bin süchtig nach diesem Gefühl, nach diesen Situationen. Oft habe ich es erlebt, aber hier und heute holt es mich wieder ein. Wie bescheuert muss man sein auf all diese Berge hinaufzusteigen um dann schlussendlich nach Hunderten von Bergen glücklich und zufrieden am Wiesenrand in seinen Schlafsack zu sinken? Ich weiß es nicht. Es ist nicht so, dass ich im normalen Leben ein unglücklicher Mensch bin, aber das hier ist etwas anderes, das ist nicht das normale Leben, das sind 1000 Berge in 1000 Stunden!

Die letzten Tage fliegen an mir vorbei. Ich bin stark, ich habe Kraft. Ich reite auf einer Welle der Euphorie. Seit dem Abend auf dem Sterz hat sich etwas verändert. Immer noch ist es anstrengend und ich hoffe, dass es hinter jeder Kurve nicht wieder bergauf geht, doch ich werde meist enttäuscht. Aber hier auf den Bergen um Winterberg, auf den hohen Gipfeln schaue ich immer wieder ins Rund und kann es nicht fassen. Es muss so sein, ich weiß es, ich habe auf all diesen Gipfeln gestanden, die ich hier sehe, und noch vielen mehr. Schließlich mache ich mich auf zum Kahlen Asten, dem bekanntesten, wenn auch nicht höchsten Berg im Land der tausend Berge. Dort wartet der WDR, ein paar Journalisten, meine Familie und Tilmann. Es geht die letzten paar Höhenmeter hinauf, ich rolle die letzten Meter aus und bleibe stehen. Und auf einmal ist es so. Das war es. Ich bin fertig. Es ist vorbei. Danke.

**45** Tunnelfahrten

**60 000** Höhenmeter

**4500** Kilometer auf dem Rad

Erstmal gegen Norden

# MIT ABI, RAD UND ZELT
# ALLEIN ZUM NORDKAP

# ERSTMAL GEGEN NORDEN

## HEIDI KÜTTERER

**Als begeisterte Radfahrerin begibt sich Heidi allein auf eine aufregende Reise in den hohen Norden. Die vielen Höhenmeter, nassen Klamotten, Mücken und das tägliche Schwitzen werden sie von ihrer Reiselust nicht abbringen.**

### VORBEREITUNGEN

Ich sitze zu Hause in Schwäbisch Hall am Schreibtisch und sollte eigentlich für meine letzten Klausuren büffeln, doch stattdessen bin ich gedanklich schon in der Zeit nach dem Abitur. Da ich keinen Plan habe, wie es beruflich weitergehen soll, entschied ich mich für ein Jahr Pause. Mir war sehr schnell klar, dass es nach Skandinavien gehen soll und zwar mit dem Fahrrad. Meine Eltern wären auch bei allen anderen Ländern dagegen gewesen. Aber was interessiert mich die Meinung meiner Eltern? Ich werde meine eigenen Erfahrungen machen! Nur wo sollte ich starten? Auf die Landschaft in Deutschland hatte ich weniger Lust, weshalb ich mich entschloss, die Strecke mit dem Zug abzukürzen. Jetzt drehen sich meine Gedanken um die Reiseplanung. Das Ausrechnen von Etappenzielen und die Recherche nach interessanten Sehenswürdigkeiten macht eindeutig mehr Spaß, als für Englisch und Betriebswirtschaftslehre zu lernen.

Ich recherchiere, wo es in Skandinavien Radwege gibt. Schnell wird klar, dass ich in Südschweden starten möchte. Mit der Fähre kann ich von Rostock nach Trelleborg übersetzen und von dort dem Küstenradweg nach Oslo folgen. Für die weitere Strecke mache ich mir bis zum Beginn der Reise keine größeren Gedanken. Das wird sich vor Ort herausstellen, welche Straßen viel befahren sind und was meine nächsten Etappenziele sein werden.

An Ausrüstung mangelt es mir nicht. Fahrradtaschen, Campingkocher, Schlafsack, Isomatte … sind von unseren Familienurlauben schon vorhanden. Auf E-Bay kaufe ich mir ein Gravelbike und meine Eltern sponsern mir ein Zwei-Personen-Zelt, mit genug Platz für Gepäck. Eine Gepäcktasche packe ich voll mit einem Spiritus-Campingkocher und Essen, das für circa eine Woche reichen sollte, denn die Lebensmittel in Schweden und Norwegen sind teuer, da schleppe ich lieber ein paar Kilos mehr. In die anderen vier Taschen kommen Dinge wie Zelt, Schlafsack, Kleidung, Isomatte, Kamera, Crocs, Reparatursets für das Fahrrad und, nicht zu vergessen, ein Erste-Hilfe-Set, das ich hoffentlich nicht brauchen werde.

Für meine Reise habe ich knapp zweieinhalb Monate Zeit, da ich im Anschluss drei Monate bei der Post arbeiten werde. Ob ich in der Zeit das Nordkap erreiche, wird sich herausstellen. Aber wenn ich im Durchschnitt 80 Kilometer pro Tag fahre, schaffe ich in 10 Wochen 5600 Kilometer. Google Maps gibt für den direkten Weg von Südschweden bis zum Nordkap eine Strecke von circa 2500 Kilometer an. Ich bin also guter Dinge, dass ich in den zwei bis drei Monaten mein Ziel erreichen werde.

## ANREISE NACH SCHWEDEN

Zwei Tage nach meiner Abschlussfeier Mitte Juli gibt es das erste Nervenkitzeln am Hessentaler Bahnhof. Mit Papa und Opa laden wir das 40 kg schwere Fahrrad in den Zug. Die beiden sind noch im Waggon, als der Zug sich in Bewegung setzt. Mit lautem Geschrei schaffen wir es aber, den Zug zu stoppen. Das war knapp! Und es bleibt nicht das einzig Aufregende. Zugfahren mit so viel Gepäck ist eine Herausforderung. Denn mit vier Gepäcktaschen, einem Zelt und einer Lenkertasche kann man nicht so einfach durch die schmalen Türen rollen, zumal der Ein- und Ausstieg bei den ICE nicht auf einer Ebene liegen.

Es müssen also die Taschen vom Rad heruntergenommen, aus dem Zug gebracht und das Rad hinterher getragen werden – und beim Einstieg alles noch einmal. Die deutsche Bahn ist eindeutig nicht fahrradfreundlich!

OULU

KUOP

JYVÄSKYLÄ

TAMPERE

LAHTI

TURKU

ESPOO

VANTAA

HELSINKI

BERGEN

OSLO

UPPSALA

VÄSTERÅS

STOCKHOLM

TALLINN

DORPAT

DRAMMEN

LINKÖPING

PLESKAU

STAVANGER

RIGA

GÖTEBORG

TRONDHEIM

AALBORG

SCHAULEN

DÜNABURG

AARHUS

MEMEL

ODENSE

KOPENHAGEN

MALMÖ

GDINGEN

KIEL

ROSTOCK

KÖSLIN

DANZIG

0    250    500

Allein geht es weiter über Nürnberg und Berlin nach Rostock. Gegen Abend rolle ich mit fünf weiteren Radlern als Erste über die große Rampe auf die Autofähre. An Bord geht die erste Schlafplatzsuche los. Vor den Schließfächern finde ich eine geeignete Fläche für meine Isomatte. Jetzt liege ich hier mit drei Norwegern, Blick aufs Meer und meinen Gedanken. Was der nächste Tag wohl für Überraschungen bringen wird?

### NAVIGATION

Zu Hause in der Buchhandlung kaufte ich mir einen Straßenatlas für Skandinavien. Aus dem Spiralbuch nahm ich die notwendigen Seiten heraus und markierte dort meine Route für die ersten Tage. Natürlich habe ich mich in meiner Vorbereitung über Sehenswürdigkeiten und schöne Fahrradstrecken informiert. Auf meiner Lenkertasche befestigte ich meine Karten in einer wasserdichten Hülle. Mit dem Handy wollte ich nicht navigieren, da das zu viel Strom fressen würde, außerdem habe ich gerne eine „echte" Karte vor mir.

### DIE ERSTEN KILOMETER

Frühmorgens um sechs Uhr legt die Fähre in Trelleborg in Südschweden an und das Erste, was ich zu erledigen habe, ist, mir schwedische Kronen zu organisieren. Dann endlich geht es für mich mit einem breiten Grinsen im Gesicht los, quer durch Südschweden, Richtung Malmö. Ein schönes Gefühl, endlich loszufahren. Was werde ich nach der Reise für spannende Geschichten erzählen können?

Zur Mittagszeit erreiche ich Malmö. Noch zehn Meter bis zur nächsten Straßenüberquerung. Ich werde langsamer und langsamer und habe vor, meine Füße auf den Boden zu setzen. Doch die kleben wie angenagelt an meinen Pedalen fest. Und keine Sekunde später liege ich auf dem Boden. Da habe ich wohl vergessen, aus meinen Klickpedalen auszusteigen. Ups, wie peinlich! Schnell stelle ich mein Rad wieder senkrecht auf. Ein Blick nach unten zeigt mir nur ein paar Schrammen. Die kann ich verkraften und der verbogene Lenker ist schnell wieder in die alte Position gebracht. Was ich daraus lerne? Entweder ich benutze die Rückseite der Pedale ohne Klick oder ich muss mir merken, meine Schuhe am besten schon fünf Meter vor dem nächsten Halt aus den Klickpedalen zu lösen.

### NIE WIEDER CAMPINGPLATZ!

Für die erste Nacht entscheide ich mich für einen Campingplatz am zwanzig Grad warmen Meer. Nach dem Baden, Essen und Zeltaufbauen packe ich mein Tagebuch aus der Tasche und fülle die zweite Seite. An das Alleinsein muss ich mich erst noch gewöhnen, aber ich denke, damit werde ich gut klarkommen. Jetzt freue ich mich nach 95 Kilometern auf eine erholsame Nacht, denn auf der Fähre waren einige Schnarchzapfen.

Am nächsten Morgen treffe ich eine Entscheidung: Das war für mich vorerst die letzte Nacht auf einem Campingplatz. Umgerechnet 40 Euro kostete mich der Spaß. Da in Schweden, Norwegen und Finnland das sogenannte „Jedermannsrecht" gilt, werde ich fortan davon Gebrauch machen. Es besagt, dass jeder ein Recht darauf hat, die freie Natur zu genießen, sich frei in der Natur zu bewegen und in ausgewiesenen Gebieten zu campen. In Norwegen zum Beispiel darf man in bewohnten Gebieten nicht länger als zwei Tage an einem Ort zelten, ohne dass man dies mit dem Grundbesitzer abklärt. Außerdem muss ein Mindestabstand von 150 Meter eingehalten werden. Verbotsschilder weisen darauf hin, wo dies ausdrücklich verboten ist. Das Wichtigste dabei ist, die Natur so zu verlassen, wie sie vorgefunden wurde und keinen Müll zu hinterlassen.

## MUSKELKATER UND ZELTPLATZVERWEIS

Weiter Richtung Helsingborg fahre ich auf dem bekannten „Kattegatleden" durch Wälder, vorbei an Weide- und Ackerflächen entlang der schwedischen Westküste, mit dem Duft von Strand und Meer in der Nase. Die ersten Hügelchen bringen mich ins Schwitzen und ich muss sogar schieben. Da fehlt es noch ordentlich an Beinmuskulatur, wenn ich bedenke, dass die Strecke in Schweden erst der „Rentnerteil" ist. Mit Muskelkater in den Armen und im Hals quäle ich mich die letzten Stunden bis zur Schlafplatzsuche um 17 Uhr. Im Schlafsack stelle ich fest, dass ich wegen des Muskelkaters kaum meinen Kopf halten kann. Aber das kann die kommenden Tage ja nur besser werden.

An der schwedischen Küste ist es gar nicht so einfach, ein nettes Zeltplätzle zu finden. Denn entweder ist rechts und links Acker- oder Weidefläche, ich befinde mich im Ortsgebiet, es gibt Schilder „camping förbjuden", „naturreservat", „privat väg" oder die Wiese liegt zu nah an einem Grundstück. Außerdem habe ich hohe Ansprüche, was die Zeltplätze angeht, denn sie sollten auf jeden Fall versteckt und ruhig liegen, eine gerade Liegefläche haben und am besten noch eine Badestelle. Meistens musste ich mich mit weniger zufriedengeben.

Jedenfalls werde ich bei meiner dritten Zeltplatzsuchaktion sofort wieder von einem alten Mann mit zwei Hunden weggeschickt. Begründung: Zu nah am Grundstück. Nachdem ich das Zelt genervt wieder eingepackt habe, stelle ich es ein paar Meter weiter hinter den Dünen auf einem Parkplatz auf. Mal sehen, für wie lange.

## TAGESABLAUF

Mein Tagesrhythmus sieht mittlerweile so aus: 7 Uhr Augen auf, Schlaf-
sachen zusammenpacken, heißes Wasser für den Kaffee und das Müsli
kochen. 8 Uhr Abfahrt, gegen Mittag eine Stunde Mittagspause und zur
Stärkung Nudeln oder Reis und Schokolade. Um 17 Uhr startet bei mir die
Schlafplatzsuche, da ich nie genau weiß, wie lange ich dafür brauchen werde,
und ich keine Lust habe, im Dunkeln zu essen und das Zelt aufzubauen.
Am nervigsten finde ich das Luftmatratzenaufpusten. Ich zähle jetzt schon
immer jeden Atemzug. Beim 25. ist die Matte voll und mir so schwindelig,
dass ich mich erst einmal auf sie legen muss. Da die Sonne erst um 22 Uhr

untergeht und es schon um 4 Uhr wieder hell wird, muss ich mir die Augen verbinden, um mehr als sechs Stunden Schlaf zu bekommen.

## DIE SCHÄREN

Um die Mittagszeit erreiche ich die Großstadt Göteborg. Das Rumgegurke und der Lärm in der Stadt nerven mich, da ich gefühlt keinen Kilometer vorwärtskomme. Zudem ist die Navigation um einiges aufwendiger als auf dem Land, wo es nicht unzählige Möglichkeiten gibt, um von A nach B zu kommen.

Meine nächsten Kilometer führen über die wunderschönen Schären, die mit kurzen Bootsfahrten verbunden sind. Schären sind kleine felsige Inseln, die sich entlang der schwedischen Küste auf einer Länge von über 100 Kilometern aneinanderreihen. Je nach Lage, Klima und Windverhältnissen sind sie mit Gras, Büschen oder niedrigen Bäumen bewachsen.

## NORWEGEN, DAS LAND DER FJORDE UND GLÜCKLICHEN MENSCHEN

Nach einer Woche schon habe ich die norwegische Grenze überquert. Sehr unkompliziert, ohne Kontrolle. Kaum bin ich in Norwegen, werde ich mit einem Gewitter und Sturzregen begrüßt – typisch! An einer Bushaltestelle packe ich all meine Regenklamotten aus, Regenjacke, -hose, Überziehschuhe und meine Regenhülle für den Helm. Es schüttet wie aus Eimern – nein, wie aus Regentonnen! Ein paar Minuten warte ich noch ab, dann habe ich keine Geduld mehr. Wer weiß schon, wie lange so ein norwegischer Regen anhält?

Eine Stunde später lässt der Regen glücklicherweise nach und ich kann endlich Mittagessen. Während ich meine Nudeln koche, spricht mich eine nette Norwegerin an und löchert mich mit Fragen. Was ich hier mache, wohin ich fahre, wo ich schlafe und so weiter. Zum Abschied meint sie: „If you drive through Lillehammer, you can visit me and sleep in my house." So habe ich auch gleich die herzliche Seite Norwegens erleben dürfen.

## PAUSENTAG

In Oslo plane ich nach 900 Kilometern meinen ersten Pausentag. In einem günstigen Hostel, das mir ein entgegenkommender Radler empfiehlt, übernachte ich mit anderen Reisenden in einem Sechsbettzimmer. Eine Amerikanerin startete am Nordkap und hat jetzt ihr Ziel erreicht. Sie konnte mir ein paar Tipps geben. Zum Beispiel eine geniale Karten-App, „MapOut" für iOS, die ich heute noch fast jeden Tag nutze. An meinem „Touri-Tag" schaute ich mir die Stadt an, natürlich mit dem Fahrrad. Auf dem Pro-

gramm stehen: zwei Museen, die bekannte Skisprungschanze Holmenkollen, die Festung Akerhus, die Oper, der Vigelandpark und noch viel mehr.

### HÖHENMETER SIND HART

Genug Kultur und Geschichte, jetzt geht es mit vollen Akkus und trockener Kleidung weiter Richtung Hardangervidda – die größte Hochebene Europas. Ich ahne nichts Gutes, als ich die ersten Regentropfen ins Gesicht bekomme. Schnell packe ich meine schön getrocknete Regenkleidung aus und radle nichtsdestotrotz mit guter Laune weiter. Endlich wieder Strecke machen. Meine gute Laune lässt langsam nach, die Berge hier machen mich fertig. In Kombination mit Schotter, geht dann nichts mehr! Da hilft nur noch Schieben. Langsam, aber stetig komme ich auch diese Höhenmeter nach oben. Um 15 Uhr erblicke ich ein wunderschönes Plätzle zum Zelten.

Den 5-Sterne-Platz lasse ich mir nicht entgehen und entscheide voller Freude hier zu bleiben. Auf dem Plan steht nun baden, Wäsche waschen und kochen. Statt den durchschnittlich 100 schaffe ich heute nur 80 Kilometer, aber mit beachtlichen 1000 Höhenmetern. Daran muss ich mich gewöhnen, ich bin jetzt in Norwegen und nicht mehr in Südschweden.

### MEINE FREUNDE, DIE MOSKITOS

In meinen Ohren pfeift, hupt und knattert es. Ein Lastwagen nach dem anderen zischt an mir vorbei. Ich bin hier auf einer ziemlich bescheidenen Straße für Radfahrer gelandet. Voller Konzentration versuche ich, mein Fahrrad auf dem Randstreifen zu balancieren. Möglichst nahe am Straßenrand und möglichst weit weg von dem Lärm und den stinkenden Abgasen. Der Radweg wechselt anschließend von der Hauptstraße zu bergigen Schotterwegen. Ich weiß nicht, was ich besser finden soll – hoffentlich hat das bald ein Ende.

Geschafft!! Endlich sitze ich im schnakensicheren Zelt. Schon völlig zerbissen mache ich mir es in meinem To-go-Haus bequem und lasse den Tag Revue passieren. Heute war mein längster Tag im Sattel, ich radelte 11 Stun-

den und konnte trotzdem nur 85 Kilometer zurücklegen. Was daran liegen könnte, dass ich für die letzten 15 Kilometer 3 Stunden gebraucht habe. Belohnt wurde der Tag von einer netten Familie, die mir ein Schokoladeneis schenkte.

## RALLARVEGEN, DER ATEMBERAUBENDSTE RADWEG

Bei sommerlichen 30 Grad ziele ich auf direktem Weg den bekannten Radweg „Rallarvegen" an. Dieser 80 Kilometer lange Schotterweg wurde früher als Bahnarbeiterweg für den Bau der Bahnstrecke über die Hardangervidda genutzt und ist heute eine beliebte Strecke für Radfahrer und Wanderer. Auf dem wunderschönen Weg durch die Gletscherlandschaft werde ich von keinen nervigen LKWs überholt, sondern von den vielen Radfahrern ohne Gepäck. Vorbei an Schafen und einem „Selbstbediener-Häusle" geht es Richtung Finse. Hier gibt es eine Übernachtungsmöglichkeit in einer Hütte. Ich bevorzuge allerdings mein Zelt mit Blick auf den Gletscher.

Am nächsten Morgen ist mein Wasservorrat bei null, sodass ich für mein Frühstück und den heutigen Tag erstmal meine Flaschen mit dem Bachwasser auffülle. Das Wasser fließt in dieser Gegend flache Felsen hinunter, weshalb es ziemlich warm ist. Mir ist etwas mulmig zumute, auch weil überall Schafe herumspazieren, aber davon will ich mich nicht abhalten lassen. Die sichere Alternative wäre zur Finse Hütte zu radeln und dort meine Flaschen aufzufüllen. Da ich aber in die entgegengesetzte Richtung will – zum Kongsnuten-Gletscher –, trinke ich das Bachwasser und warte ab, was mein Magen dazu zu sagen hat.

Tags drauf lasse ich mein Zelt stehen, packe meinen Rucksack mit meinen Wertsachen und laufe auf einem Wanderweg los Richtung Gletscher. Ich komme ihm näher und näher. Als ich direkt vor dem Gletscher stehe, versinken meine Schuhe plötzlich im Schlamm, dass ich nicht mehr reagieren kann. Meine Schuhe sind nicht mehr zu sehen. Ich habe nur einen Gedanken: „Wie komme ich hier schnell wieder raus, ohne noch mehr einzusinken?" Vorsichtig trete ich den Rückzug an, hebe langsam einen Fuß nach dem anderen. Geschafft! Auf dem Weg zum Zelt wasche ich die völlig verdreckten Schuhe und Füße im Gletscherbach. Gegen Mittag, nachdem alles wieder einigermaßen sauber ist, mache ich mich auf die Weiterfahrt.

Wie erwartet, grummelt es in meinem Magen – das Schafwasser plagt mich mit Bauchschmerzen. In meinem Erste-Hilfe-Set suche ich nach einem passenden Mittel. Zum Glück habe ich passende Tabletten dabei. Mit Schmerzen und Schwindel fahre ich trotzdem weiter und erreiche langsam den höchsten Punkt auf 1340 Höhenmeter. Ein paar Meter weiter komme ich an einer Hütte vorbei, die frische Waffeln mit Sahne und Marmelade anbieten. Das kann ich mir nicht entgehen lassen. Die kurze Pause hat sich gelohnt, meinem Bauch geht es wieder besser. Mit angezogener Bremse balanciere ich mein vollgepacktes Rad den steilen und groben Schotterweg 30 Kilometer bergab. Dabei kann ich die Landschaft nur halb genießen, da ich mich konzentrieren muss, mein Rad auf dem Weg zu halten. Je mehr Höhenmeter ich verliere, desto besser lässt es sich fahren. Die letzten Meter kann ich auf dem asphaltierten Weg sausen lassen und ich erreiche nach achtzehn Tagen schließlich Flåm, die Endstation der Flåmbahn. Von dort gibt es für mich nur eine Möglichkeit, weiter Richtung Norden zu kommen. Ich muss den Shuttlebus zum nächsten Hafen in Gudvangen nehmen, da die Strecke für Radfahrer gesperrt ist. Das war auch gut so, denn der Bus fuhr durch zwei sehr enge und dunkle Tunnel – was lebensgefährlich gewesen wäre!

Auf der anschließenden dreistündigen Fährfahrt genieße ich die spektakulären Fjorde. Die steilen Felswände, die aus dem kristallklaren Wasser ragen, sind einfach so beeindruckend. Ich kann mein Glück nicht fassen, als dann auch noch zwei Delfine aus dem Wasser springen. Solche Momente sind einfach unbezahlbar!

### DIE ÄLTESTE STABKIRCHE DER WELT

Wieder auf festem Boden radle ich zum nächsten Campingplatz, nicht aber um dort zu nächtigen, sondern um meinen 10-Liter-Wassersack zu füllen. Denn so langsam verspüre ich das Bedürfnis, mich mal wieder zu duschen und meine Haare zu waschen. Nach den letzten heißen und anstrengenden Tagen habe ich das auch bitter nötig. Mit dem jetzt 10 Kilo schwereren Rad schlage ich mich in den nächsten Busch, hänge den Wassersack an einen Baum und genieße die frische Dusche in der Natur. Heute plane ich einen 30-Kilometer-Umweg nach Urnes, um die älteste Stabkirche der Welt zu besichtigen. Mit der Fähre setze ich auf die Insel über, auf der sich das UNESCO-Weltkulturerbe befindet. Das noch heute erhaltene Gebäude stammt aus dem 12. Jahrhundert. Stabkirchen sind hölzerne Kirchen, deren Tragwerk aus senkrecht stehenden Stäben besteht.

### VON 0 AUF 800 METER

An meinem zwanzigsten Reisetag genieße ich die noch entspannten Kilometer an der Küste, bevor ich anschließend die 10 Kilometer steile Strecke zum Sattel vor mir habe. In der Mittagshitze bei 33 Grad starte ich auf Meereshöhe. In einer der Serpentinen gebe ich richtig Gas und überhole ein

deutsches Paar, auch auf Rädern. Sie fragen mich: „Wo kommst du her?"
Auf meine Antwort „Schwäbisch Hall" bekomme ich zu hören: „Auf diese Steine können Sie bauen, Schwäbisch Hall." Ich muss lachen, dass mir dieser Werbeslogan über meine Heimat sogar in Norwegen begegnet. Jetzt packt mich der Ehrgeiz und ich veranstalte mit mir ein eigenes Rennen, wer von uns zuerst oben sein wird. Bei jedem Tritt muss ich schon an die anschließende Abfahrt auf der anderen Seite des Bergs denken. Das wird ein Riesenspaß! Nach zwei Stunden erreiche ich auf 800 Metern über dem Meeresspiegel völlig verschwitzt und mit knallrotem Gesicht die Aussichtsplattform. Es ist ein großartiges Gefühl, den Berg mit eigener Kraft bezwungen zu haben. Gäbe es kein Benzin, wäre hier auch weniger los!

## ÄTZENDE TUNNELFAHRTEN

Ich werde von starken Regentropfen auf meinem Zelt geweckt und habe überhaupt keine Lust, aus meinem trockenen und warmen Schlafsack zu kriechen. Mir bleibt aber keine andere Möglichkeit, als meine Sachen schnell einzupacken, wenn ich nicht den ganzen Tag im Zelt sitzen will. Bevor ich es aber einpacken kann, muss ich die widerlichen Nacktschnecken von meinem Außen- und Innenzelt entfernen. Die ersten Kilometer führen heute erstmal 600 Höhenmeter auf einer kaum befahrenen Straße nach oben, da der Hauptverkehr über den für Fahrradfahrer leider gesperrten Tunnel geleitet wird. Ich nutze die ganze Straßenbreite und ziehe die letzten Kurven von der rechten bis zur linken Straßenseite und erreiche endlich den höchsten Punkt völlig durchnässt – von innen und von außen. An der nächsten Bushaltestelle ziehe ich mir erst einmal trockene Klamotten an.

Anschließend kam mein erster längerer Tunnel mit 2 Kilometern. Ich freue mich, nicht die anstrengenden Höhenmeter über den Berg fahren zu müssen. Mit der Stirnlampe auf dem Kopf und der Warnweste über der Regenjacke rolle ich ins Dunkle. Plötzlich wird es immer lauter und lauter. Als würde eine Rakete neben mir starten. Ein Laster kommt mir entgegen – kurz darauf legt sich der Geräuschpegel zum Glück wieder. Schnell hat sich meine Meinung zu Tunnelfahrten geändert. Es ist zwar nicht so schweißtreibend, wie über den Berg zu fahren, doch im Dunkeln neben vorbeisausenden Autos zu fahren, macht die Sache nicht besser.

## GESCHEITERTER ZELTAUFBAU

Nach drei Wochen geht es von Florø weiter mit der Fähre nach Måløy. Dort steht sofort die Zeltplatzsuche auf dem Programm. Ich versuche

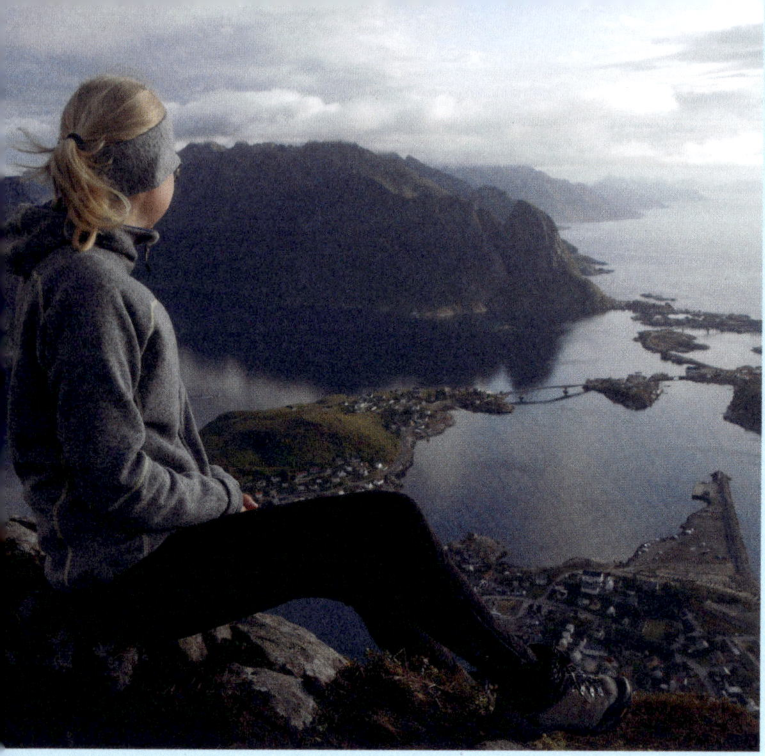

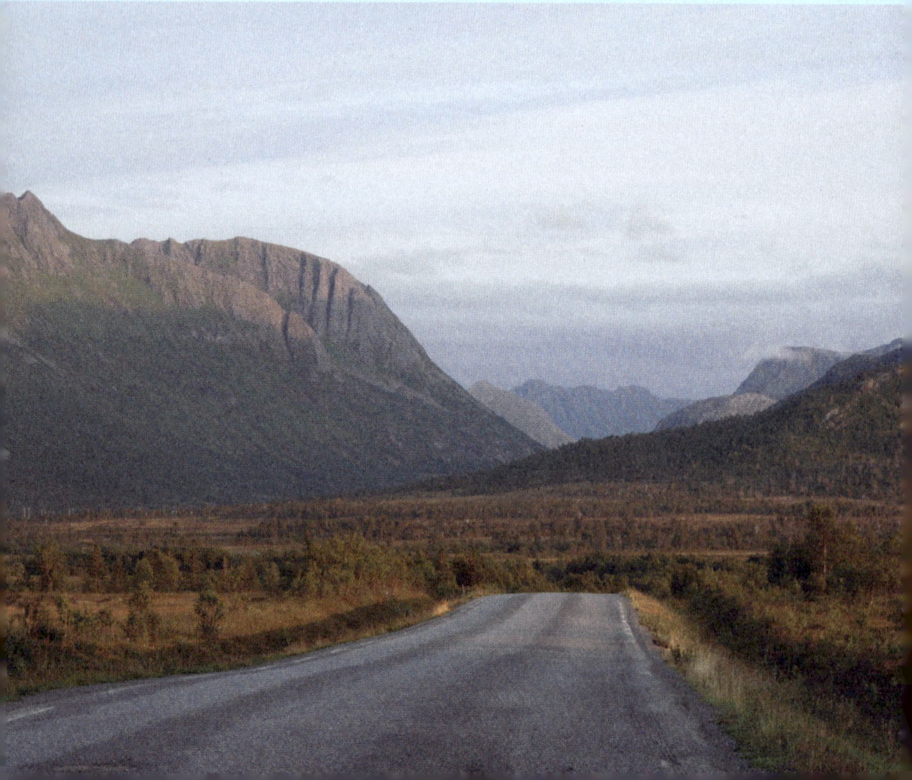

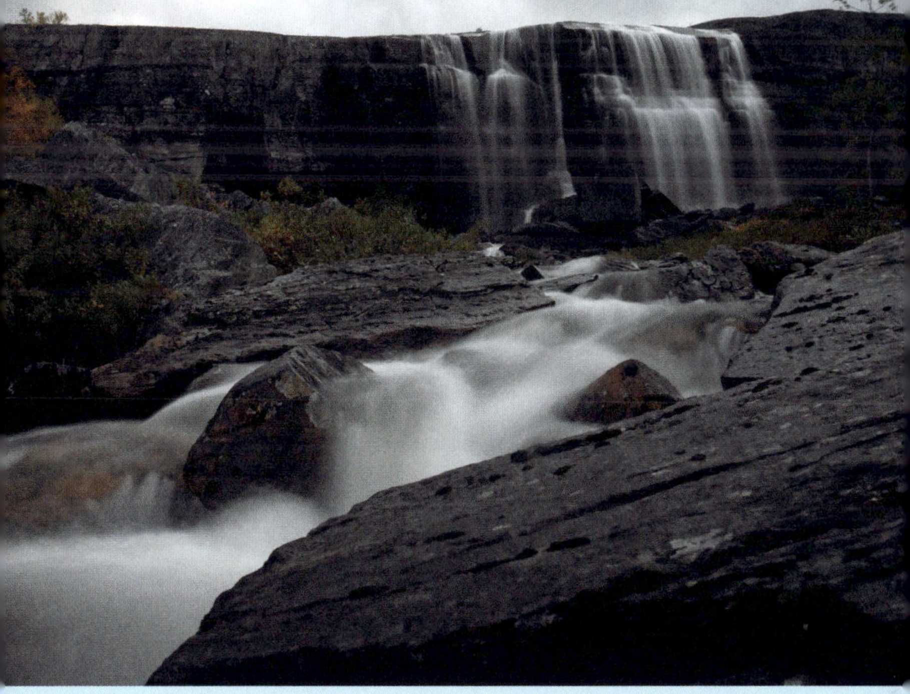

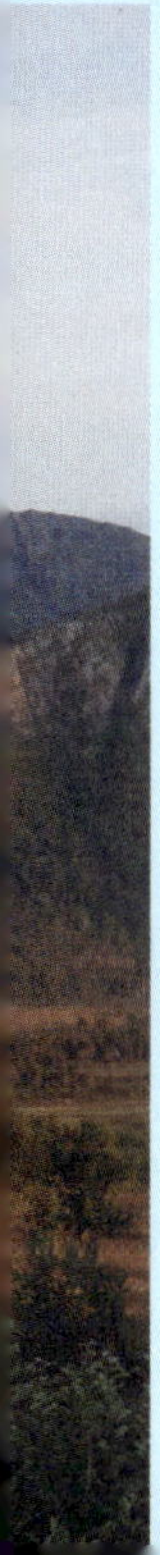

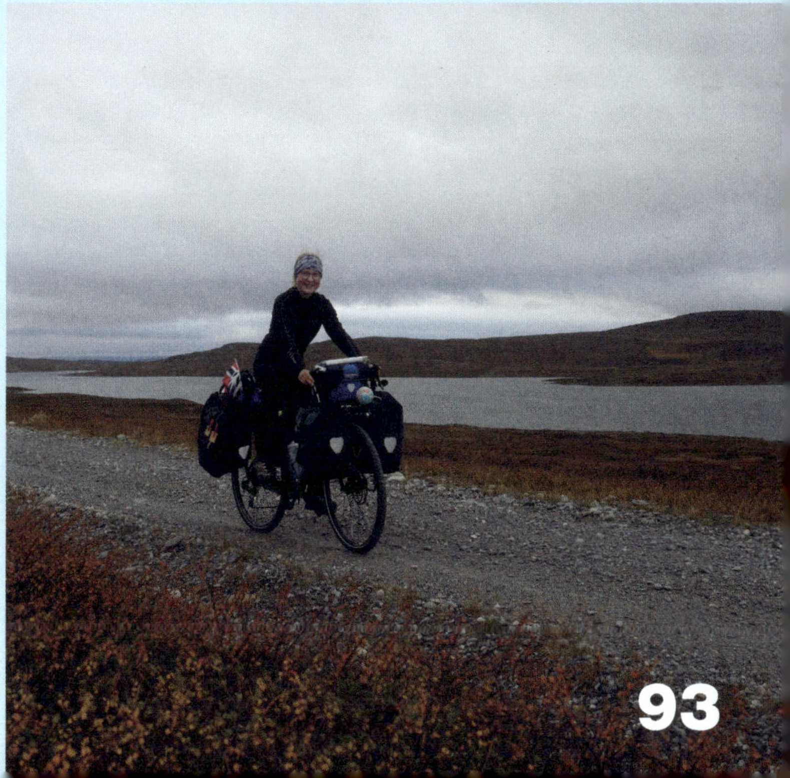

mein Glück in Ufernähe, da es dort ein paar Grünflächen gibt. Doch die nervigen Moskitos hindern mich daran mein Zelt aufzubauen. Es sind tausende kleine Sandmücken, die überall umherschwirren. Ich habe nicht einmal die Chance, ins Innenzelt zu gelangen, ohne noch ein paar Mitschläfer mit reinlassen zu müssen. Also versuche ich es an einem anderen Platz. Doch ein paar Meter weiter ändern leider nichts an der Lage. Nachdem ich es vergeblich ein drittes Mal versucht habe, entscheide ich mich für einen Campingplatz in Måløy. Völlig zerstochen komme ich bei Dämmerung in der kleinen Hütte auf dem Campingplatz an und kann meine durchnässte Kleidung trocknen, meine Akkus laden und entspannt etwas zu Abend kochen. Am Abend zeigt mir der Spiegel: Ich sehe aus wie ein Streuselkuchen.

### SPAGHETTI, REIS UND MÜSLI

Spaghetti, Reis, Müsli und Backschokolade, das sind meine Grundnahrungsmittel auf der Reise geworden. Denn leider ist in Skandinavien der Geldbeutel beim Einkaufen sehr viel schneller leer, als es in Deutschland der Fall ist. Deswegen habe mich auch entschieden, kein Wasser zu kaufen. Ich klingle einfach an irgendwelchen Häusern oder halte Ausschau nach Friedhöfen, dort gibt es zu 99 Prozent Wasser.

### RUNDE - DIE INSEL DER PAPAGEIENTAUCHER

Heute steht ein kleiner Ausflug zu einem alten Kloster auf der Insel Selja auf dem Plan. Das Kloster liegt fast auf dem Weg zum nächsten Ziel und macht für mich keinen großen Umweg. Um dort hinzukommen, fährt ein Schnellboot Touristen zur Insel und wieder zurück. Anschließend geht es bei blauem Himmel und viel Gegenwind weiter, denn mein Tagesziel ist die Insel Runde. Die letzten 20 Kilometer führen über drei Inseln, die mit Brücken verbunden sind, bis zur letzten Insel Runde. Diese Strecke muss ich morgen wieder zurückfahren, um auf meine Hauptroute zu gelangen. Nach 100 Kilometern erreiche ich um 17 Uhr den Campingplatz auf Runde. Bevor es dunkel wird, steige ich den Berg dieser Insel nach oben, um vielleicht ein paar Vögel zu beobachten. Die Vogelinsel Runde ist sehr vielfältig, fast alle Möwenarten sind hier zu beobachten sowie viele andere Arten. Bekannt sind vor allem die Seeadler und Papageientaucher. In den steilen Felswänden brüten jedes Jahr circa 170 000 Seevogel-Paare. In der Brutzeit der Papageientaucher von Mai bis Juli hat man die beste Chance, diese Vögel zu Gesicht zu bekommen. Ich habe leider keine beobachten können.

## INSELHOPPING

Am nächsten Tag nehme ich in Hareid die Fähre bis nach Ålesund. Auf dem Hausberg, direkt am Aussichtspunkt, finde ich einen schönen Schlafplatz neben einem kleinen Shelter. Norwegens Küste ist lang genug, um zweimal die Welt zu umrunden. Zum Glück gibt es aber Tunnels und Fähren, die mir die Strecke etwas verkürzen. Davon mache ich heute Gebrauch. Es stehen einige Fährfahrten auf dem Programm. Am Ende des Tages lande ich auf einer Wiese vor einem Fitnessstudio, da ich nichts Besseres gefunden habe und keine große Motivation habe weiterzusuchen. Als ich gerade dabei bin, mein Zelt aufzubauen, spricht mich eine Deutsche an und lädt mich bei ihr zum Waffelessen ein. Ich erfahre, dass sie von Leipzig hierher ausgewandert ist. Sie bot mir auch an, bei ihr im Garten zu schlafen, ich lehnte aber ab, da mein Zelt schon stand und ich keine Lust hatte, es wieder abzubauen.

## ATLANTIKSTRASSE

Über die wunderschöne 8 Kilometer lange Atlantikstraße geht es weiter nach Kristiansund. Um dort hinzukommen, muss man durch einen Unterwassertunnel, der für Fahrradfahrer gesperrt ist, weshalb ich an der Bushaltestelle auf den nächsten Bus warte. In der Stadt angekommen, suche ich nach einem Schlafplatz. Auf meiner Karten-App gibt es hier nur wenige Grünflächen. Ich versuche es Richtung Friedhof und find letzten Endes einen Platz in einem Waldkindergarten. Hier höre ich nur das Rauschen der Tannen und ein paar Möwen. Damit ich morgen Früh nicht von den antanzenden Kindern geweckt werde, stelle ich mir sicherheitshalber einen Wecker.

## FAHRRADREPARATUR

Nach über 2000 Kilometern besorge ich mir in einem Fahrradladen vor Trondheim eine neue Kette und Kassette. Der Verkäufer, der mir die neuen Teile direkt wechselt, lädt mich sogar zum Mittagessen ein, aber ich lehne freundlich ab. Gut, dass ich schon vor Trondheim einen Fahrradladen gefunden habe, denn in der Stadt haben die Fahrradhändler anscheinend weniger Zeit.

## TRONDHEIM

In Trondheim bin ich in einem günstigen Hostel in einem 6er-Zimmer untergebracht. Am Vormittag schaue ich mir in der Stadt mit dem Fahrrad ein paar Sehenswürdigkeiten an. Trondheim ist sehr fahrradfreundlich. Hier gibt es auch den ersten Fahrradlift der Welt, mit dem man sich an dem Berg die 18 Prozent Steigung sparen kann. Trondheim gefällt mir viel besser als Oslo. Das liegt vielleicht auch daran, dass Trondheim nicht so groß ist und man mit dem Fahrrad besser vorankommt.

Mit der Fähre geht es dann weiter Richtung Norden. Hier gibt es nicht mehr alle 15 Kilometer einen Laden oder eine Tankstelle, um die Wasserflaschen aufzufüllen, weshalb ich an Bauernhöfen oder Privathäusern halte. Normalerweise wird meiner Bitte um Wasser gerne entgegengekommen.

Heute ist meine Motivation bei null. Es regnet und regnet. An einem Spielplatz stelle ich mich kurz unter, in der Hoffnung, dass der Regen vielleicht ein bisschen nachlässt. Doch ich spüre keine Veränderung und entscheide mich, einfach hier zu bleiben und mein Zelt auf dem Spielplatz hinter einem Supermarkt aufzustellen.

### GRATISNACHT IN EINEM FISCHERHÄUSCHEN

Von Tag zu Tag wird es verregneter. Morgens ist es immer dasselbe. Ich picke die Nacktschnecken von der Zeltwand und packe das nasse Zelt ein. Hier an der Küste gibt es zum Glück keine so hohen Berge mehr und ich kann somit wieder viele Kilometer machen. Es ist so schön an der Küste zu fahren. Noch schöner wäre es natürlich, wenn die Wolken nicht in den Bergen hängen würden. In einer Bushaltestelle mache ich wie gewohnt meine einstündige Mittagspause und koche mir Spaghetti mit Tomatensoße.

Gegen Abend erreiche ich die nächste Anlegestelle „Horn" für die Fähre und überlege, ob ich mir hier noch einen Zeltplatz für die Nacht suchen soll. An einem in die Jahre gekommenen Fischerboot schraubt ein älterer Mann. Ich frage ihn mit Händen und Füßen, ob es in Ordnung geht, wenn ich mein Zelt auf dem Fleck Wiese aufstelle. Der nette Norweger geht mit mir zur danebenliegenden Hütte und drückt mir seinen Schlüssel in die Hand. Dieser passt in die Tür der kleinen beheizten Hütte. Ich war ihm sehr dankbar und konnte es fast nicht glauben, dass ich einfach so in seiner Hütte schlafen durfte. Er konnte leider kein Englisch, aber wir verstanden einander trotzdem einigermaßen.

### EIN TREFFEN MIT EINEM SCHWEIZER, DAS NICHT DAS LETZTE SEIN WIRD

Die einstündige Fährfahrt kommt mir heute Morgen sehr entgegen. Es regnet wieder pausenlos. Die sich daran anschließende Fähre legt allerdings leider direkt vor meiner Nase ab, weshalb ich eine Stunde warten muss. Die Zeit nutze ich, um meine durchnässten Klamotten zu wechseln. Bushaltestellen eignen sich dafür bei Dauerregen perfekt. Wenn ich meine Mittagspause plane, fahre ich einfach bis zur nächsten Bushaltestelle, koche dort im trockenen meine Nudeln und kann danach gestärkt weiterradeln.

An der nächsten Fähranlegestelle in Nesna mache ich mich auf die Suche nach einem Schlafplatz. Ein paar Meter weiter finde ich eine kleine Hütte, die aber leider schon von einer Familie belegt ist, die sich hier zum Grillen getroffen hat. Sie fragen mich, ob ich bleiben will und einen Grilllachs essen möchte. Ich freue mich über das Angebot und genieße den ersten Fisch in Norwegen. Schlafen möchte ich hier aber nicht, wer weiß wie lange es dauert, bis ich allein bin. Zurück im Örtchen entscheide ich mich für den Campingplatz. Nachdem ich das Zelt aufgestellt habe, gehe ich in den Aufenthaltsraum mit Küche und unterhalte mich mit einem Frankfurter, der vom Nordkap mit dem Fahrrad gestartet ist, und einem Schweizer, der direkt in der Schweiz gestartet ist und noch den gleichen Weg wie ich vor sich hat. Die nächsten Tage treffe ich immer wieder den Schweizer Steffen. Er dann immer: „Ach, du schon wieder!" Und ich mit einem Grinsen im Gesicht: „Ja, ich schon wieder." Oder andersherum. Entweder ich überhole ihn, wenn er gerade Pause macht oder er überholt mich in seinem Rasertempo. Die nächsten 50 Kilometer folge ich der Küste an einem Fjord, dabei komme ich nur 15 Kilometer Luftlinie nach Norden.

## DNT-HÜTTEN

In Norwegen gibt es die DNT-Hütten, die hauptsächlich von Wanderern oder Langläufern genutzt werden und meistens von der Straße aus nur schwer zu erreichen sind. Heute liegt eine dieser Hütten auf meinem Weg. Nur müsste ich dafür einen Kilometer den Wanderweg bergauf gehen. Ich entscheide mich, mein Fahrrad unten abzuschließen und meine schweren Packtaschen nach oben zu tragen. Nach 400 Metern habe ich keine Lust mehr und baue das Zelt an Ort und Stelle auf. Danach laufe ich noch zwei Mal nach unten, um die restlichen Packtaschen zu holen. Interessehalber laufe ich trotzdem noch zur Hütte und fülle auf dem Rückweg meine Flaschen mit Wasser auf.

Frühmorgens mit Wind wache ich mit den ersten Sonnenstrahlen auf. Am Hafen von Kilboghamn treffe ich wieder den lustigen Steffen. Zusammen überqueren wir auf der Fährfahrt den nordischen Polarkreis.

## GEZEITENSTRUDEL SALTSTRAUMEN

Bei meiner weiteren Routenplanung muss ich mich an der Küste stark nach den Fährfahrten orientieren. Manche fahren nur vier Mal am Tag, weswegen ich mich heute ziemlich beeilen muss, um nicht vier Stunden warten zu müssen. Ich schaffe es zum Glück noch, die 30 Kilometer in fast eineinhalb Stunden zu fahren. Danach geht es aber wieder im gemütlichen Tempo weiter.

Als ich an einem Fjord über eine Brücke fahre, springt eine Delfinfamilie aus dem Wasser – das war schön! Und den Schweizer habe ich heute natürlich auch wieder zwei Mal getroffen. Es gibt hier auch nicht so viele Möglichkeiten für Fahrradfahrer, die ans Nordkap unterwegs sind. Da bleibt eigentlich nur die Küstenstraße, die zum Glück wenig befahren ist. Weshalb es nicht ungewöhnlich ist, dass man die gleichen Radfahrer über mehrere Tage hinweg mehrmals am Tag trifft.

30 Kilometer vor Bodø schaue ich mir in Saltsraumen den stärksten Gezeitenstrudel der Welt an. In seinem 150 Meter breiten Sund fließen im Wechsel der Gezeiten fast 400 Millionen Kubikmeter Wasser zwischen den Fjorden hin und her. Die dabei entstehenden Strudel können einen Durchmesser von 10 Metern und eine Tiefe von 4 Metern erreichen. Was für ein Spektakel!

### LOFOTEN IN SICHT

Kurz vor Bodø springt vor meiner Nase plötzlich mit Galopp ein Elch aus dem Gestrüpp und verschwindet keine Sekunde später wieder auf der anderen Seite der Straße. Ein Riesentier. Kein Wunder, dass in Norwegen so viele Unfälle mit Elchen passieren.

Mit der Fähre von Bodø erreiche ich nach drei Stunden die wunderschönen Lofoten. Auf dem Campingplatz in Moskenes entlade ich mein Fahrrad und fahre ohne Gepäck zum südlichsten Ort der Insel – Å. Ein Blick aufs Meer und ich bekommen zwei Orcas zu Gesicht. Das hätte ich mir nicht träumen lassen, dass ich diese Tiere hier sehen werde.

Am nächsten Morgen steht Training für meine Waden an. Ich plane den 400 Meter hohen Reinebringen zu besteigen. Die 1600 Treppenstufen zum Gipfel bringen mich ins Schwitzen, aber die Aussicht lohnt sich 1000 Mal. Es ist traumhaft schön hier oben. Die steilen grauen Felsen, die zum Teil mit saftgrünem Gras oder Moos bewachsen sind und aus dem tiefblauen Wasser ragen, bringen mich zum Staunen. Ich genieße den Ausblick auf das Meer und die Stadt Reine.

Mittags geht es dann in der superschönen Landschaft langsam weiter, was ich dem starken Gegenwind zu verdanken habe. Ich fahre direkt in eine Wolkenfront und sehe zehn Minuten später nichts mehr von den Bergspitzen. So schnell kann die schöne Sicht vorbei sein.

## EXTREMBEDINGUNG: WIE VIEL WIND HÄLT MEIN ZELT AUS?

Heute habe ich eine kleine Wanderung zu einem Sandstrand vor mir. Da ich so einen starken Muskelkater in den Beinen von den vielen Treppen gestern habe und die Sicht sowieso sehr bescheiden ist, entscheide ich mich, mir den 600 Meter hohen Aufstieg zum Aussichtspunkt zu sparen. Hoffentlich sind meine Beine morgen wieder fit! Vermutlich sollte ich öfters runter vom Sattel, damit ich das Laufen nicht verlerne. Dafür geht es auf der anderen Bergseite durch die grüne Natur. Am Strand angekommen, blicke ich auf den weiten Ozean. Ich bin hier erstaunlicherweise nicht allein. Viele Wanderer haben am Strand schon ihren Zeltplatz gesichert.

Zurück an meinem Zeltplatz im Landesinneren des Fjords hole ich meine Trinkflaschen aus dem Zelt und fülle diese im Ort auf. Bevor ich mich in den warmen Schlafsack packe, lege ich vorsichtshalber auf jeden Hering einen Stein, denn wer weiß, wie stark der Wind noch werden wird.

23 Uhr. Plötzlich sitze ich senkrecht im Zelt. Es stürmt und schüttet wie noch was. Ich glaube, die Welt geht gleich unter oder ich im zwei Meter entfernten Fjord. Gefühlt fehlt nicht viel, dass der Sturm mein Zelt packt und ich im Wasser lande. Die Zeltstangen werden von den starken Böen so weit nach unten und zur Seite gedrückt, dass sie in jedem Moment brechen könnten. Schnell ziehe ich mein Handy aus der Tasche, um zu recherchieren, wie windig es tatsächlich ist und mit wie starkem Wind mein Zelt getestet wurde. Ich komme auf folgendes Ergebnis: Der Wetterbericht spricht von einer Windgeschwindigkeit knapp über 70km/h. Die Testberichte zu meinem Zelt: Bei 60 km/h steht es noch stabil ohne Einbußen im Innenraum. Bei 90 km/h wird das Zelt unbewohnbar flachgedrückt! Bei jeder Böe drücke ich mit meinen Händen stark gegen die Zeltstangen, in der Hoffnung, dass sie so weniger schnell kaputt gehen. Mittlerweile habe ich das Gefühl, dass nicht mehr alle Heringe im Boden stecken. Ich schmeiß mir meine Regenjacke über und setze die Stirnlampe auf, um die Heringe zu prüfen. Tatsächlich hat es drei Stück aus dem Boden gerissen und fast alle anderen haben sich gelockert. Ich versuche, die verlorenen Heringe wiederzufinden – vergeblich. Stattdessen drücke ich die noch verbliebenen mit meinen Schuhen in den nassen Boden und platzierte zusätzlich noch mehr Steine obendrauf. Das hält jetzt hoffentlich! Im noch halbwegs trockenen Zelt fallen mir nach zwei Stunden Aufregung und Herzklopfen endlich die Augen zu und ich kann zum Glück weiterschlafen.

## TREFFEN SICH ZWEI BLONDINEN

Morgens packe ich das zum Glück noch heile Zelt ein und, als der Regen gegen Mittag nachlässt, fahre ich mit Muskelkater in den Beinen weiter Richtung Norden. Keine 200 Meter auf dem Sattel treffe ich auf einer Brücke einen blonden Fahrradfahrer mit viel Gepäck. Er hat wohl auch noch ein paar Kilometer vor sich. Wir grüßen einander, ich fahre aber direkt weiter. Bei einer kurzen Verschnaufpause auf dem Rastplatz lädt mich eine deutsche Familie in ihr luxuriöses Wohnmobil zu einem Kaffee ein. Sie haben viele Fragen zu meiner Reise, die ich gerne beantwortete. Die letzte Nacht war mir eine Lehre. Bei der heutigen Zeltplatzsuche achte ich besonders darauf, dass das Zelt windgeschützt steht.

Am nächsten Nachmittag treffe ich auf Anton aus Augsburg und auf Selma. Sie ist auf dem Weg nach Tromsø, wo ihr Studium bald beginnt. Ein paar Kilometer weiter sammeln wir einen weiteren Radfahrer aus Wuppertal ein. Zu viert fahren wir im Gänsemarsch bei strömenden Regen einige Kilometer gemeinsam weiter. Da Selma in dem nächsten Dorf zur Schule gegangen ist und sich hier somit auskennt, zeigt sie uns ein nettes Café, in dem wir uns mit einem heißen Kaffee und Zimtschnecken aufwärmen und unterhalten. Heute zelte ich mit Selma an einem schönen See mit Shelter, das sie noch von früher gut in Erinnerung hat.

Tags darauf fahre ich allein weiter, da Selma heute mehr Kilometer vor sich hat als ich. In Svolvær besorge ich mir neben Lebensmittel eine neue Flasche Spiritus. Gegen Nachmittag treffe ich am Meer auf eine moderne Glashütte, die zur freien Verfügung steht. Ich zögere nicht lange und entscheide mich hier zu bleiben, auch wenn es erst 15 Uhr ist. Da die Sonne aktuell stark auf die Hütte scheint, hat es im Inneren Saunatemperaturen. Sobald die Sonne aber verschwindet, sollten auch die Temperaturen hier drinnen wieder sinken. Zum Abendessen gibt es heute selbst gesammelte Steinpilze.

## ALLEIN REISEN IST JETZT VERGANGENHEIT

Heute begegne ich dem blonden Radfahrer mit viel Gepäck wieder, dem ich schon vor zwei Tagen begegnet bin. Dieses Mal bleibt es nicht nur bei einem kurzen „hey hey". Fritz spricht mich direkt auf Deutsch an. Vermutlich habe ich mich mit meiner Deutschlandfahne am Fahrrad verraten. Da wir die gleiche Strecke vor uns haben, entscheiden wir uns, zusammen weiterzufahren. Bevor es dunkel wird, spielen wir noch eine Runde Kniffel. Jetzt kommen auch endlich meine Spiele zum Einsatz.

Am nächsten Morgen geht es für uns bei Regen 70 Kilometer weiter Richtung Andenes. Es ist schön zu zweit zu fahren, zumal wir ungefähr das gleiche Fahrtempo haben. Als ich meinen Blick nach links Richtung Sumpf schweifen lasse, sehe ich überraschenderweise zwei Elche, die uns gelangweilt anstarren. Es ist so schön, diese beeindruckenden, großen Tiere hier in der freien Natur zu sehen. Da es ziemlich flach ist, erreichen wir den Hafen schon am Vormittag und sind so früh an der Fähre, dass wir noch vier Stunden warten müssen. Da ich keine Lust habe, im Regen und in der Kälte zu warten, machen wir es uns im Aufenthaltsraum des Walsafari Anbieters gemütlich, da es sonst nur eine Bushaltestelle zum Unterstellen gibt.

### DIE INSEL SENJA
Mit der Fähre verlassen wir die Insel Andøya und erreichen abends die Insel Senja. Am nächsten Tag müssen wir die Höhenmeter, die uns gestern erspart geblieben sind, zusätzlich bezwingen. Heute schmerzen einmal wieder meine Knie, trotz langer Hose, woran das nur liegen mag? Eigentlich dachte ich, dass es von dem kalten Fahrtwind kommt.

Die Insel ist wunderschön, die Buchten, in denen der feine, weiße Korallensand im Sonnenlicht schimmert, dazu das kristallklare Meer. Im Wasser sehen wir plötzlich Delfine, die akrobatisch aus dem Ozean springen. Ein paar Kilometer weiter thronen schroffe Berge, die sich wagemutig in die Tiefen des Meeres stürzen. Wieder ein paar Kilometer weiter radeln wir durch sanfte, grüne Täler, von grasenden Kühen gezeichnet. Es sind Impressionen wie aus einem Märchenbuch.

Nach zehn Tunnelfahrten treffen wir am nächsten Hafen wieder auf Anton – lustig, wer einem wiederholt über den Weg fährt.

### WIEDER AUF DEM FESTLAND
Mit viel Sonne erreiche ich heute nach 6 Wochen und 3500 Kilometern den Campingplatz auf Tromsø. Sehr witzig – ich treffe wieder Steffen, den Schweizer. Er hat Knieprobleme und erholt sich hier. Ich habe vor, meinen Rückflug nach Deutschland zu buchen. Am 17. September geht es von Alta zurück nach München. Der Flug ist gebucht, jetzt muss ich die letzten zwei bis drei Wochen noch ausgiebig genießen! Mit diesem Gedanken packe ich mein Handtuch und nutze die auf dem Campingplatz vorhandene Sauna. Fritz ist schon weiter auf dem Weg nach Alta und macht dort einen Ruhetag. Ich fände es schön, wenn wir die letzte Woche bis zum Nordkap zusammenfahren würden. Damit dieser Wunsch wahr wird, beeile ich mich für die nächsten drei Tage und fahre mit hohem Tempo nach Alta.

Heute habe ich so viel Rückenwind, dass ich bergauf 20 km/h schnell bin und in der Ebene fast nicht in die Pedale treten muss. Deswegen ist es nur möglich, das Mittagessen in einem windgeschützten Bushäuschen zu kochen. Seit Längerem hat es wieder einmal 20 Grad, also „Kurze-Hose-Wetter". Jetzt folge ich der E6 zum Nordkap. Auf dieser Straße ist zum Glück weniger Verkehr als erwartet.

## VORBEREITUNGEN FÜR MEINEN RÜCKFLUG

Tags darauf habe ich schon zur Mittagszeit 70 Kilometer auf dem Tacho, dem Rückenwind sei Dank! Hier auf der E6 spazieren nicht mehr Schafe mitten auf der Straße, sondern Rentiere. So etwas bekomme ich nur im nördlichsten Eck Skandinaviens zu Gesicht. Nachmittags erreiche ich den Campingplatz auf Alta und freue mich Fritz wiederzusehen. Am nächsten Morgen radele ich in die Stadt, um mich nach einem Fahrradkarton für den Rückflug umzuschauen. In einem Sportladen reserviere ich einen geeigneten und hoffe darauf, dass dieser in zwei Wochen zum Abholen bereit sein wird.

Wieder zu zweit geht es zügig weiter. Nach einem Anstieg von 400 Höhenmetern erreichen wir eine beeindruckende Hochebene mit überraschend vielen Rentieren. Wir kommen so gut voran, dass wir nach fünf Stunden schon 100 Kilometer hinter uns haben und uns dazu entscheiden, dass das für heute genügt. Am Zeltplatz spielen wir drei Stunden lang alle möglichen Spiele: Rommé, Kniffel, Schiffe versenken und Stadt, Land, Fluss.

## DAS ZIEL IN REICHWEITE

Bei kalten 10 Grad und Dauerregen wünsche ich mir gerade nichts mehr, als in meinem Zelt zu sitzen und einen warmen Tee zu trinken. Da Fritz auch keine Motivation mehr hat, stellen wir schon um 15 Uhr unsere Zelte auf. In meinem Zelt haben wir ausreichend Platz, um im Trockenen Spiele zu spielen, Nudeln und Tee zu kochen. Ich hoffe, ich bekomme heute Nacht keine nassen Füße. Mit dem Regen eingeschlafen, mit dem Regen aufgewacht, geht es weiter mit dem Regen in Richtung Nordkap. Heute haben wir den 7 Kilometer langen Unterwassertunnel vor uns, der uns auf die Insel Magerøy führen wird. Wir nähern uns dem Tunnel und ich bereite mich mit meiner Stirnlampe und Warnweste darauf vor. Es wird dunkler und dunkler. Wir halten uns so nah wie möglich am rechten Bordstein. Erst geht es mit einer Steigung von 10 Prozent nach unten, auf 250 Meter über Meeresspiegel. Diese zwei Kilometer fahren sich ganz angenehm, zumal es hier im Tunnel endlich einmal trocken ist! Als es jedoch am anderen Ende wieder nach oben geht, wird es anstrengender. Aus dem

Tunnel herausgekommen begrüßt uns die Sonne und ich habe wieder ein Grinsen im Gesicht.

Noch 45 Kilometer, dann habe ich mein Ziel erreicht! Auf den letzten Kilometern geht es noch einmal ordentlich hoch und runter. Dazu werden wir im 10-Minutentakt von Reisebussen überholt, die Touristen vom Hafen in Honningsvåg direkt vom Schiff „Hurtigruten" ans Nordkap chauffieren. Noch 10, 5, 3 Meter … Juhu, wir haben das Ziel erreicht. Gesund und ohne größere Verletzungen habe ich Skandinavien nach 4000 Kilometer und 55 Tagen durchquert. Noch habe ich es nicht wirklich realisiert. Es ist so ein tolles Gefühl, eine so große Distanz aus eigener Kraft gemeistert zu haben. Noch vor zwei Monaten hätte ich mir nicht vorstellen können, dass ich das in dieser Zeit schaffen würde.

Das Nordkap an sich ist weder besonders spektakulär noch landschaftlich besonders schön. Es ist hier bis auf die Rentiere ziemlich öde, ohne Bäume, nur mit Flechten, Moos, vereinzelt ein paar Häusern und einer Straße, die ans Nordkap führt. Aber es eignet sich sehr gut als Ziel meiner Fahrradreise. Das Nordkap, von dem alle sprechen, ist tatsächlich nicht der nördlichste Punkt des europäischen Festlands. Die Spitze der Nordkinn-Halbinsel liegt etwas weiter nördlich als der berühmte Aussichtspunkt auf der Insel Magerøya mit Straßenanschluss. Zum Nordpol sind es von hier nur noch knappe 2000 Kilometer.

An der Weltkugel am Aussichtspunkt ragen die 300 Meter schwarzen Schieferfelsen steil aus dem wellengepeitschten Eismeer auf. Bei Sonnenschein genießen wir den weiten Blick über den Ozean und schauen uns im Besucherinformationszentrum der Nordkaphalle kurz um. Hier gibt es einen Kinosaal, in dem ein Panoramafilm gezeigt wird, außerdem ein Souvenirgeschäft, eine Ausstellung historischer Bilder, ein Postamt und gastronomische Einrichtungen. Aufgrund der vielen Touristen verlassen wir schnell das Gebäude und machen uns auf Zeltplatzsuche.

Da es erlaubt ist, direkt am Nordkap zu campen, bleiben wir hier und stellen unser Zelt in der ersten Reihe vor den Wohnwägen und Campern auf. Bei einem warmen Abendessen genießen wir den gigantischen Sonnenuntergang am nördlichen Ende Europas.

Am nächsten Tag haben wir uns vorgenommen, an den nördlichsten Punkt der Insel Magerøya zu laufen, bevor es wieder Richtung Süden geht. Die Landzunge „Knivskjellodden" ist der nördlichste Punkt der Insel, zu dem man aber nur zu Fuß gelangt. Nach 8 Kilometern erreichen wir die Landzunge und können von hier noch einmal aus einem anderen Blickwinkel auf das Nordkap mit dem Globus schauen.

Anschließend gehen und radeln wir denselben Weg zurück. 10 Kilometer vor der Hafenstadt Honnigsvåg schlagen wir unser Zelt auf, bevor es früh am nächsten Morgen um 3:30 Uhr weitergeht. Denn von Honnigsvåg fahren wir mit dem alten Postschiff „Hurtigruten" wieder ans Festland nach Havøysund. Dadurch sparen wir uns den 7 Kilometer langen Unterwassertunnel und 100 Kilometer der uns schon bekannten Strecke. Die Fährfahrt war extrem unterhaltsam, der Schweizer Steffen war auch wieder an Bord und sorgte für gute Stimmung beim Frühstück.

Am Festland angekommen geht es zu zweit auf der verkehrsarmen Straße weiter. Unterwegs sehen wir wieder Delfine und sogar Adler. An einem menschenleeren Rastplatz mit ganz vielen Blaubeeren stellen wir unsere Zelte auf. Auf einmal kommt ein Reisebus mit fünfzig Rentner und Renterinnen um die Ecke gefahren. Jetzt ist es vorbei mit der Ruhe, denn alle steigen aus, zücken ihre Kamera, schießen ein paar Bilder und schlendern durch die Blaubeeren. Doch zum Glück sind sie so schnell wieder weg, wie sie gekommen sind.

### BIRKENPILZESSEN - DAS LETZTE GEMEINSAME ABENDESSEN

Nachdem wir unsere Essensvorräte im nächsten Dorf Olderfjord gedeckt haben, geht es – wer hätte es gedacht – mal wieder an die Zeltplatzsuche. Heute Nacht soll es bis auf 3 Grad abkühlen. Mal schauen, wann wir morgen aus unseren warmen Schlafsäcken kommen. Zum Abendessen gibt es bei mir heute einen selbst gesammelten, leckeren Birkenpilz. In der Nacht wache ich plötzlich auf, mein Magen meldet sich! Schnell öffne ich den Reißverschluss an Schlafsack und Zelt, ehe es auch schon losgeht. Da habe ich den Pilz wohl nicht ausreichend geputzt!

Am nächsten Tag fühle ich mich noch nicht ganz fit, aber Fahrradfahren geht noch. Heute ist der letzte Tag zu zweit, leider. Fritz fährt dann weiter nach Finnland, während ich mich auf den Weg nach Alta machen werde. Nachdem wir uns verabschiedet haben, geht es für mich nun allein weiter. Langsam merke ich, wie der Herbst naht. Die Birkenblätter haben sich schon gelb gefärbt, was die Landschaft noch einmal beeindruckender wirken lässt.

### DIE LETZTEN KILOMETER

Ein Abstecher über einen sehr schlecht zu befahrenden Schotterweg führt mich Richtung Altacanyon. Bevor ich mir diesen anschauen werde, zelte ich ein paar Kilometer davor, mitten im Nirgendwo an einem netten Platz am See. Beim Zeltaufbau kommt auf einmal ein Rentierbeobachter auf einem Quad angefahren und fragt mich in schlechtem Englisch, was ich hier mache, woher ich komme … Später, als es schon dunkel ist, höre ich Motorgeräusche, die immer lauter werden. Und dann Stille. Wieder der Ranger. Er fragt: „Are you sleeping? Are you in the tent?" Ich überlege, was ich antworten soll. Schnell entscheide ich mich, keinen Mucks zu machen, da ich keine Lust auf ein Gespräch habe. Wer weiß, was er sonst noch von mir will. Ein paar Sekunden später entfernten sich seine Schritte und ich war so froh, als sein Quad nicht mehr zu hören war.

Am nächsten Tag kommt mir ein Auto entgegen, das von Huskys gezogen wird. Ist das das Sommertraining für die Hunde? Dann geht es los zum Canyon. Die Aussicht vom Rand des Tals war schön, doch der Weg dorthin noch viel schöner, mit unzähligen Blaubeeren. Weshalb ich nur sehr langsam vorankomme. Nach der kleinen Wanderung finde ich 2 Kilometer weiter einen Zeltplatz sogar mit Shelter und Schaukel. Bevor es dunkel wird, mache ich noch einen kleinen Spaziergang zu einem Wasserfall. Am Tagesende bin ich heute fast 20 Kilometer gelaufen, bestimmt werde ich morgen Muskelkater haben.

Der letzte Morgen bricht an und ich erreiche bei starkem Regen die Stadt Alta. Gegen Mittag bin ich auf dem Campingplatz und nutze erst einmal die Sauna. Bis jetzt bin ich die einzige Camperin hier. Während ich in der Küche sitze und die Regentropfen am Fenster beobachte, kommt mir der Gedanke, dass ich nach meinem Zelt sehen sollte. Oh nein – eine große Pfütze hat sich darunter gebildet. Kurzerhand ziehe ich alle Heringe aus dem nassen Boden, nehme die drei Zeltstangen in die Hand und stelle das Zelt ein paar Meter daneben auf.

### Der Rückflug

Mit dem 10-Uhr-Bus geht es heute ins Stadtzentrum von Alta. Im Baumarkt besorge ich mir einen Karton für meine Packtaschen und dazu Klebeband. Das Sportgeschäft, in dem ich mir den Fahrradkarton mehr oder weniger reserviert habe, hat leider keinen mehr da. Großartig! Im nächsten Sportgeschäft habe ich mehr Glück und gehe nun mit zwei Kartons unter dem Arm zurück zum Campingplatz.

Die letzten drei Tage verbringe ich damit, mein Fahrrad und mein Gepäck in die Kartons zu packen, die Umgebung von Alta zu Fuß zu erkunden und das freie WLAN in der Küche zu nutzen. Am Abend werde ich von anderen Gästen aus Karlsruhe zum Essen eingeladen – lecker! In der letzten Nacht darf ich auf dem Sofa im Aufenthaltsraum schlafen, da ich mein Gepäck schon in den Kartons verpackt ist.

Abgemacht war, dass mich der Campingplatzbesitzer um 9 Uhr zum Flughafen fährt. Ich schaue auf die Uhr: 8:50 ... 8:55 ... 9 Uhr. Ich warte und warte und kann den Besitzer nicht finden. Nach 45 Minuten ist meine Geduld am Ende und ich frage zwei andere deutsche Gäste mit einem großen Camper. Sie waren so freundlich und haben mich zum Flughafen gefahren. Nachdem ich das Gepäck problemlos abgegeben habe, starte ich pünktlich um 12 Uhr in Alta. Über die schon leicht beschneiten Berge geht es in den Süden. Ohne Komplikationen lande ich um 20 Uhr am Münchner Flughafen, wo ich abgeholt werde.

Jetzt ist die Reise vorbei und ich kann rückblickend fast nur Positives berichten. Ich habe so viele neue Eindrücke und Erfahrungen gesammelt. Ich habe gespürt, wie es ist, alleine unterwegs zu sein, gelernt, wie man sich am besten in schwierigen Situationen hilft, mit welchen Kleinigkeiten man glücklich sein kann, wie freundlich und offen die Menschen in Skandinavien sind und dabei eine atemberaubende Landschaft genossen. Ich kann die nordischen Länder nur weiterempfehlen.

Das Fahrrad ist für mich das perfekte Fortbewegungsmittel. Wenn man nicht gerade auf schwedischen Campingplätzen nächtigt, kommt man mit wenig Geld zurecht, ist langsam genug, um die Natur zu spüren, aber schnell genug, um in 2 Monaten 4500 Kilometer und 60 000 Höhenmeter zurückzulegen.

Von Süd nach Nord und zurück in den Süden

# PLANLOS
## DURCH EUROPA

**3** Stürze

**4** Treffen mit der Polizei

**3/5** Unterhosen benutzt

# EIN FAHRRAD
# KEIN ZIEL UND
# VIEL MOTIVATION

### FRITZ BORMANN

Nach Norden und dann nach Süden, so
einfach stellt sich Fritz die Planung einer
zwölfmonatigen Reise vor. Weil er sich die
Reise mit einem Motorrad nicht leisten
kann, entscheidet er sich für das Fahrrad.
Allein stellt sich Fritz den hohen Bergen
Skandinaviens, dem frühen Wintereinbruch in Nordosteuropa und dem Verkehr
Südeuropas. So lernt er schnell die Freiheit
auf dem Rad kennen.

### PLANLOS DURCH EUROPA

"Das war der letzte Brief!" dachte ich und warf diesen in den dazu gehörenden Briefkasten. Endlich war es so weit und die Reise, auf die ich mich schon so lange freute, rückte in greifbare Nähe. Seit meinem Abi vor einem Jahr stand für mich fest, dass ich eine Reise durch Europa machen wollte. Damals wollte ich allerdings noch mit dem Motorrad fahren. Diesen Plan hatte ich mittlerweile verworfen. Zwar arbeitete ich seit einem dreiviertel Jahr bei der Post, um mir diesen Traum überhaupt ermöglichen zu können, aber um mit einem Motorrad zu fahren, hätte ich noch länger arbeiten müssen. Das wollte ich allerdings nicht und so entstand die Idee, die Tour stattdessen einfach mit dem Fahrrad zu machen. Das ist immer noch schneller als zu Fuß, aber um einiges billiger als mit einem motorisierten Untersatz.
Vor ungefähr zwei Monaten, kurz vor meinem Geburtstag im März, hatte ich mein neues Fahrrad abgeholt und so war ich guter Dinge, dass ich meinen Plan in die Tat umsetzen werde. Trotzdem kamen mir und meinem Umfeld einige Fragen und Einwände:

Willst du so eine große Tour wirklich allein machen? Wirst du dich da nicht ganz einsam fühlen? Was mach ich, wenn etwas kaputt geht? Halte ich das durch? Wie verständigst du dich mit anderen? Wohin genau möchte ich eigentlich? Schaffe ich die Fahrt durch Skandinavien vor Wintereinbruch? Zumindest die Frage nach dem ‚Wohin?' konnte ich teilweise beantworten. Ich wollte auf jeden Fall als erstes zum Nordkapp. Wohin es danach gehen sollte, wusste ich noch nicht. Die Beantwortung der anderen Fragen schob ich mit einem naiven „Das sehe ich, wenn es soweit ist!" auf.

### ENDLICH GEHT ES LOS.

Das dachte ich mir am Tag meiner Abreise, dem 11. Juli. Ich verabschiedete mich von meinen Eltern und schon ging es los. Die ersten Meter fuhr ich noch etwas wackelig, da ich mich an das schwere Rad gewöhnen musste. Dies klappte recht schnell und so fuhr ich auf einem Wiesenweg meinem ersten Ziel entgegen. Das war Lübeck, da ich dort bei Freunden noch meine Regenhose abholen wollte. Um dorthin zu kommen wollte ich möglichst viel an Kanälen entlangfahren, da ich mir davon erhoffte, nicht so oft auf die Karte sehen zu müssen. „Nicht auf die Karte schauen" - eine Einstellung, die mir später noch den einen oder anderen Umweg bescheren sollte. An Kanälen und Flüssen unterwegs zu sein, hat außerdem den entscheidenden Vorteil, dass es nie wirklich stark bergauf geht und so radelte ich bei strahlendem Sonnenschein am Elbe-Seitenkanal entlang.

Abends stellte ich an eben diesem auch mein Zelt auf. Dann wollte ich auch direkt meine zweite Neuanschaffung ausprobieren: Ein kleiner Kocher, der Holz verbrennt. So konnte ich mir zwar das Gewicht von Spiritus oder anderen Brennstoffen sparen, jedoch würde ich dafür jeden Abend etwas Zeit mit der Suche nach Brennholz verbringen.

Nach dem Essen saß ich vor meinem Zelt und beobachtete den Sonnenuntergang. Dabei wurde mir bewusst, dass ich das erste Mal ganz allein vor einem Zelt saß. Die nächsten Monate werde ich von meiner Familie, meinen Hobbys, meinen Freunden und überhaupt meinem gewohnten Lebensablauf getrennt sein. Das hatte ich bis dahin noch nicht richtig realisiert.

Mit Sonnenschein begrüßte mich der nächste Tag. Deshalb packte ich schnell meine Sachen, frühstückte und brach dann auf. Die Fahrt am Kanal entlang wurde sehr eintönig und durch den auffrischenden Gegenwind erschwert. In den nächsten drei Stunden bekam ich dann auch noch die Quittung dafür, dass meine Regenklamotten in Lübeck auf mich warteten. Es begann so zu schütten, dass ich bereits nach kurzer Zeit komplett durchnässt und durchgefroren war. Daher entschied ich mich bereits am zweiten

Abend in eine Jugendherberge zu gehen. Dies fühlte sich wie eine erste Niederlage an, da ich mir vorgenommen hatte viel wild zu zelten.

Trotzdem gut gelaunt am nächsten Morgen setzte ich mich auf mein Rad und während ich so am Elbe-Lübeck-Kanal dahin radelte, schmolzen die Kilometer dahin. Am frühen Nachmittag erreichte ich Lübeck, wo ich bei Freunden auf meine Regenklamotten wartete, die ich noch auf den letzten Drücker bestellt hatte. Ich hatte nun also alles beisammen und so konnte die Reise ins Ungewisse endlich richtig beginnen. Ich hatte mich entschieden, von Puttgarden mit der Fähre nach Rødby überzusetzen, um meine Fahrt dann in Dänemark fortsetzen zu können. Abends an meinem Lagerplatz, kurz vor der Bücke nach Fehmarn, kamen einige der Fragen auf, die ich vor der Reise noch beiseitegeschoben hatte: „Schaffe ich eine solche Reise überhaupt? War der Zeitpunkt meines Aufbrechens der Richtige?"

Doch auch jetzt schob ich diese Gedanken nach ein paar Minuten wieder beiseite und sagte mir, dass ich das letztendlich eh erst beantworten kann, wenn ich es ausprobiere. Aufgeben war an dieser Stelle für mich sowieso keine Option, da ich die Schmach, noch in Deutschland das Handtuch zu schmeißen, nicht ertragen wollte.

**DER ERSTE ANSTIEG, EIN GEFLICKTER REIFEN UND ANDERE RADREISENDE.**

All dies sollte mein erster Tag in Dänemark für mich bereithalten. Doch zunächst musste ich nach Dänemark gelangen. Ich war der einzige Radfahrer, der diesen Vormittag zwischen den LKWs auf die Fähre rollte. Die kurze Fährfahrt verbrachte ich im Freien auf dem Oberdeck der Fähre. Von dort aus konnte ich zunächst zusehen, wie die deutsche Küste immer kleiner wurde und später voller Vorfreude beobachten, wie die dänische Küste immer näherkam. Kurz nachdem ich meinen Weg in Dänemark fortgesetzt habe, traf ich auf eine Frau, welche ratlos am Wegrand stand und an ihrem Rad herumwerkelte. Als ich sie fragte, ob sie Hilfe braucht, erklärte sie mir, dass sie einen Platten hat. Jedoch hatte sie kein Werkzeug dabei, um diesen zu reparieren und wusste auch nicht wirklich, wie man diesen repariert. Kurzerhand reparierte ich ihr also ihren Platten. Währenddessen erzählte sie mir, dass sie auch aus Deutschland sei, sich aber nun bereits auf dem Rückweg befinde. Außerdem gab sie mir noch Tipps, welche Wege besonders schön zu fahren seien. Als die Reparatur dann abgeschlossen war, verabschiedeten wir uns und radelten in entgegengesetzte Richtungen weiter.

Gegen Abend musste ich dann meinen ersten kleinen Anstieg hinauf. Mit meinem schwer beladenen Rad konnte ich diesen allerdings nur langsam hinauf kurbeln, sodass ich ins Grübeln kam, ob es wirklich so klug war durch die Fjorde von Norwegen fahren zu wollen. Denn ich erwartete schon jetzt, dass es dort die meiste Zeit entweder bergauf oder bergab gehen würde. Die kurze Abfahrt, die auf den Anstieg folgte, machte allerdings Lust auf mehr.

Mit solchen Gedanken beschäftigt, setzte ich voller Vorfreude meine Fahrt fort. Da meine Wege hauptsächlich der dänischen und der schwedischen Küste folgten, kam ich immer dann gut vorwärts, wenn ich nicht gerade Gegenwind hatte. Genau deswegen wurde der Gegenwind auf dieser Strecke auch zu meinem größten Gegenspieler. Zudem begann ich mich zu fragen, ob es eine gute Idee gewesen war, ohne Radlerhose losgefahren zu sein. Denn nach jeder Pause, die ich einlegte, bekam ich von meinem Hintern die Quittung dafür. Mein Po rebellierte teilweise so heftig, dass ich die ersten Kilometer nach einer Pause im Stehen fahren musste. Nachdem ich den Schmerz dann einmal überwunden hatte, konnte ich bis zur nächsten Pause relativ schmerzfrei weiterradeln - nur damit dann dasselbe Spiel wieder von vorne beginnen konnte. Deswegen erschien mir mittlerweile eine gepolsterte Hose auf einmal doch nicht mehr so sinnfrei, wie sie mir zu Beginn der Tour erschienen war.

Mein schmerzender Po in Kombination mit Gegenwind brachte mir dann doch den ein oder anderen Fluch über die Lippen. Aber zumindest an das Radfahren selbst gewöhnte ich mich in diesen Tagen immer mehr, sodass in den Momenten, in denen mich gerade weder mein Po noch der Wind quälten, die Kilometer unter meinen Rädern nur so dahin schmolzen.

So schaffte ich es die Strecke von Göteborg bis Lillehammer in gut einer Woche zurückzulegen, wobei ich einen halben Tag auch noch dazu nutzte, meine Klamotten in einem Bach auszuwaschen. Dieses Auswaschen der Klamotten war nach circa 10 Tagen auch bitter nötig. Wahrscheinlich konnte man mich schon auf einige Kilometer gegen den Wind riechen…

### DER EINSTIEG IN EIN ANHALTENDES AUF UND AB.

Direkt hinter Lillehammer begann ich mein erstes Gebirge zu erklimmen - das Jotunheimen. Nach zwei Tagen erreichte ich dann auf dem Peer-Gynt-Vegen das erste Mal die 1000-Höhenmeter-über-Null-Marke. Der Dauerregen auf der Höhenstraße bescherte mir das erste Mal wirklich kalte Füße. Dies war dem Umstand geschuldet, dass ich mit sandalenähnlichen Schuhen, die aber zu meinen Klickpedalen passten, losgefahren war. Außerdem hatte ich noch ein Paar Wanderschuhe eingepackt, die ich jedoch nicht zum Radfahren anziehen wollte, da ich dann meine Klickpedale nicht mehr hätte

nutzen können. Der Blick auf grüne von Wollgräsern durchzogene Berg-
wiesen ließ mich meine Füße jedoch oft vergessen, sodass ich die Fahrt hier
oben genießen konnte. Meine Mittagspause, die ich hier oben verbrachte,
konnte ich dagegen nicht genießen. Erstens erfüllte das Müsli, welches ich
mittags immer aß, mittlerweile nur noch den Zweck der Sättigung. Lecker
fand ich es schon seit 10 Tagen nicht mehr. Zweitens konnte ich meine kalten Füße nun nicht mehr so gut ignorieren, da ich mich nicht mehr mit Radeln und der Sicht, die mich hinter der nächsten Kurve erwartete, ablenken
konnte. Und drittens war mir mein Fahrradständer nun schon ein paar Mal
abgebrochen. Was gerade das Herausholen und Wegpacken meines Mittag-
essens sehr nervenaufreibend werden ließ.

Dementsprechend fiel meine Mittagspause eher kurz aus und als ich dann
nachmittags ins Tal hinab kullerte, wurde die Luft und damit auch meine
Füße langsam wieder wärmer.

In den nächsten Tagen wurde mir ein zentraler Nachteil meines Holz-
kochers bewusst. Wenn man oberhalb der Baumgrenze versucht sich ein
Abendessen zu kochen, dann wird die Brennholzsuche wirklich nervenaufreibend. Denn ohne Bäume gibt es doch eher wenig Holz, dass man
verbrennen könnte. Wenigstens musste ich nicht viel Brennmaterial finden,
um mein Essen kochen zu können, da der Kocher sehr sparsam ist, aber
dennoch zweifelte ich in diesen Tagen das erste Mal daran, ob es schlau gewesen war, sich für die Holz-Variante entschieden zu haben.

Das Hochkraxeln der Berge selbst stellte für mich überraschender Weise gar kein so großes Problem dar. Ich hatte allerdings meist auch andere Probleme. Da ich mich meistens auf Straßen bewegte, fuhren logischer Weise immer mal wieder auch Autos an mir vorbei. So weit so gut. Einige der Autofahrer schienen es allerdings nicht nötig zu finden auch nur ein kleines bisschen an Abstand beim Überholen einzuhalten. Andere Autofahrer hatten die Einstellung, dass man ja ruhig mit weniger Abstand überholen kann, wenn man kurz vorher ein bisschen vom Gas geht. Dass es für mich als Radfahrer allerdings einen eher kleinen Unterschied macht, ob das Auto mit 70 oder mit 80 an mir vorbei rast, scheint dabei keiner auf dem Schirm gehabt zu haben. Es kann also auch gut sein, dass mich die Wut über die Autofahrer die Berge hochgetrieben hat und ich so die Strapazen gar nicht wirklich mitbekam. Meine Beinmuskulatur gab mir jedenfalls jeden Abend und jeden Morgen zu verstehen, dass sie diese Anstrengungen nicht gewöhnt war. Dennoch zwang ich mich jeden Morgen wieder aufs Rad, was wegen meines immer noch rebellierenden Pos gar nicht so einfach war und kämpfte mich so der Küste Norwegens entgegen.

Als dann endlich die Abfahrt näherkam, die mich in den Geirangerfjord bringen würde, stellte ich fest, dass im Geiragerfjord eine große dicke Wolke lag, in die ich direkt reinradelte. Und so musste ich die ersten 400 Höhenmeter meiner Abfahrt mitten durch die Wolke fahren. Aussicht? Fehlanzeige. Ich konnte zwischendurch nicht weiter als 100 Meter sehen und musste mich deshalb sehr auf die Straße konzentrieren. Denn bergauf mögen Autos zwar schneller sein als ich, aber bergab bei einer so kurvigen Strecke kann ich nicht nur gut mit den Autos mithalten. Im Gegenteil: Das ein oder andere Auto kann ich sogar abhängen. Im Nebel bedeutet das allerdings für mich, dass ich höllisch aufpassen muss, nicht auf der Stoßstange eines vorausfahrenden Autos zu landen. Als mich die Wolke dann endlich frei gab, wurde es nicht nur direkt spürbar wärmer, sondern ich konnte zudem den wunderbaren Ausblick auf den unter mir liegenden Fjord bewundern.

Unten im kleinen Ort Geiranger angekommen, war mir der dort herrschende Trubel schnell zu viel, sodass ich mich bald aufmachte und meinen Weg in Richtung Trollstigen fortsetzte. An diesem Abend suchte ich mir meinen Schlafplatz direkt an einem Fluss. Dort dauerte es auch nicht lange und ich wurde von einer Kuhherde besucht. Offenbar hatte ich mein Zelt direkt auf ihrer Weide aufgeschlagen. Kurze Zeit später kam auch der Besitzer der Kuhherde und gab den Kühen etwas Kraftfutter, woraufhin sich diese nach einiger Zeit wieder verabschiedeten und mich in Ruhe mein Abendessen verzehren ließen.

Nachdem ich am nächsten Tag die Abfahrt über den Trollstigen genossen hatte, musste ich ein wirklich unerfreuliches Stück Straße zurücklegen. Ich hatte mich in eine Lage manövriert, aus der mich nur der gleiche Weg zurück, oder ein 6 Kilometer langer Tunnel wieder herausbringen konnten. Der Weg zurück war für mich jedoch keine Option, denn die 800 Höhenmeter des Trollstigen wollte ich wirklich nicht wieder hochfahren. Also Augen auf und ab durch den Tunnel. Das Problem mit den Tunneln ist, dass es in diesen wegen des Verkehrs meist sehr laut ist und dass dort ziemlich wenig Platz ist. Vor dem nächsten Tunnel wartete ein Autofahrer auf mich, der mir den Rat gab, dass ich die beiden kommenden Tunnel auf der ehemaligen Straße umfahren kann. Außerdem wies er mich daraufhin, dass es nicht erlaubt sei, durch die Tunnel (auch den letzten schon) zu radeln. Da mir schon die Fahrt durch den ersten Tunnel nicht gefallen hatte, folgte ich diesem Hinweis nur zu gern. Am nächsten Tag erreichte ich dann schließlich Ålesund. Dort legte ich nach den vergangenen Strapazen einen Tag Pause ein.

**IM REICH DER FÄHREN UND TUNNEL.**

Von Ålesund aus führte mich mein Weg entlang der Küste immer Richtung Norden. Auf diesem war ich immer wieder auf Fähren angewiesen, um mir lange Umwege durch das Inland von Norwegen zu ersparen.

Nach ungefähr 2000 gefahrenen Kilometern machte sich auch der erste Verschleiß an meinem Fahrrad bemerkbar. So waren meine Bremsbeläge durch die Abfahrten auf den Schotterwegen im Jotunheimen sehr mitgenommen worden. Außerdem war mein Rad so schwer, dass die Schrauben des Ständers abgerissen waren. Zum Glück brauchte ich nur neue Schrauben. Mein Verhalten hatte sich dadurch aber geändert: Wenn ich mein Fahrrad abstellen wollte, lehnte ich es nun meistens irgendwo an, statt es auf den Ständer zu stellen. Als wäre das noch nicht genug, habe ich außerdem eine zu dem Piniongetriebe meines Fahrrads gehörende Abdeckkappe verloren. Das war allerdings das kleinste Problem, da diese außer dem Abdecken keine weitere Funktion erfüllte. Ärgerlich war nur, dass ich auf meinem Weg keinen Fahrradhändler finden konnte, der diese Abdeckkappen hatte, sodass ich meine Eltern bitten musste, mir ein Paket zu schicken, welches ich später auf meinem Weg einsammeln würde. Für die beiden ersten Probleme fand ich in Trondheim einen Fahrradhändler, der mir weiterhelfen konnte.

Inzwischen machte sich auch bemerkbar, dass ich die dicht besiedelten Bereiche Norwegens langsam verließ. Obwohl ich nun immer auf der Straße unterwegs war, nahm das Verkehrsaufkommen doch sehr ab, sodass ich die Straße oft für mich allein hatte. Auch so kann Radfahren richtig Spaß machen! Man braucht nicht ständig aufzupassen, um nicht mit einem viel zu nah überholenden Auto zusammenzustoßen und kann auch mal für mehrere Kilometer vor sich hinträumen. Wenn dann auch noch der Wind mitspielt - was er allerdings selten genug macht - kommt man richtig gut vorwärts. Ein kleiner Nachteil der dünn besiedelten Landschaft machte sich nun so langsam bemerkbar. Ich kam nicht mehr jeden Tag an einem Supermarkt vorbei, sodass ich langsam anfangen musste, mir ein paar Gedanken zu machen, was ich über die nächsten Tage essen würde. Das stellte zu diesem Zeitpunkt allerdings noch kein Problem dar, da ich sowieso meistens Essen für die nächsten Tage einkaufte. Da Süßigkeiten in Skandinavien allerdings so teuer waren, ich aber auf den Zucker nicht dauerhaft verzichten wollte, kam mir nun nach gut 30 Tagen und ungefähr 100 Kilometer nördlich von Trondheim, der Gedanke, dass ich auch einfach Marmelade, Honig oder Nutella essen könnte. Das war nicht ganz so teuer und wurde teilweise in praktischen Ein-Kilo-Verpackungen verkauft.

Da ich mittlerweile schon deutlich fitter als zu Beginn meiner Reise war, kam ich ziemlich gut vorwärts, und musste mich dafür auch nicht mehr so sehr anstrengen. Ich konnte also die immer wilder werdende Landschaft genießen - die wilder wirkte als die meisten Landschaften, die ich bisher gesehen hatte. Zudem war es relativ warm, sodass mir der in irgendeiner Form täglich vorkommende Regen nicht viel ausmachte. Knapp zwei Wochen von Ålesund und ungefähr 2 Kilo Honig und 4 Kilo Nutella brauchte ich, bis ich schließlich mit der Fähre um 10 Uhr abends, und damit bei Einbruch der Dämmerung, die Lofoten erreichte.

Am nächsten Morgen war einer der ersten zwei Eindrücke, die ich hatte, als ich aus meinem Zelt purzelte, dass die Landschaft hier noch extremer ist als in dem Teil Norwegens, den ich bisher gesehen hatte. Die Berge, welche hier direkt aus dem Meer wachsen, sind höher und schroffer als die, die ich bisher gesehen hatte. Der zweite Eindruck war: „Was für ein Mistwetter!". Die Wolken hingen so tief, dass ich einige der Berggipfel nicht sehen konnte und dazu regnete es auch noch. Die Vorfreude, mehr von der Landschaft zu entdecke, überwog. Ich baute mein Zelt ab und machte mich auf den Weg nach Å. Dort, im südlichsten Ort der Lofoten, aß ich mein Frühstück und beobachtete dabei Vögel, welche in einer Steilwand nisteten. In diesem Moment wurde mir bewusst mehr Zeit auf den Lofoten verbringen zu wollen, die Landschaft noch bewusster genießen zu können und auch mal früher mein Zelt aufzuschlagen, wenn mir ein Zeltplatz besonders gut gefällt. Das tat ich in den nächsten Tagen. Dabei machten mir zwei Dinge das Leben schwer: Erstens war das Wetter in den vier Tagen, in denen ich über die Lofoten fuhr, dauerhaft schlecht. Wegen des häufigen Regens konnte ich mich und meine Ausrüstung niemals komplett trocknen. Wenigstens schaffte ich es dabei meinen Schlafsack größtenteils trocken zu halten, so schaffte ich es immerhin nachts trocken zu werden. Da ich meine nassen Klamotten nicht mit in den Schlafsack nehmen wollte, musste ich mich jeden Morgen aufs Neue überwinden und wieder in meine nasse Kleidung schlüpfen. Auch die Kälte war in Verbindung mit der Nässe nicht schön. Ich machte mir das erste Mal darüber Gedanken, wie ich meine Füße trocken - und damit warm - halten könnte. Ich steckte dazu meine Füße in Plastiktüten und zog so meine Schuhe an. Wie ich später feststellen sollte, war das aber auch keine zufriedenstellende Lösung, aber für die nächsten 1500 Kilometer sollte ich damit zurechtkommen. Zweitens fand ich auch hier so wenig Brennholz, dass meine Wege auf der Suche nach etwas Brennbarem für mein Abendessen immer länger wurden.

Die Landschaft und die wunderschönen kleinen Fischerdörfer machten das aber mehr als ausreichend wieder gut und ich blickte beim Verlassen der Lofoten ein wenig wehmütig zurück.

**TREFFEN SICH ZWEI BLONDINEN.**

Kaum hatte ich die Lofoten verlassen, wurde das Wetter schon besser. Im Gegenzug wurde die Landschaft weniger spektakulär. Kurz hinter Sortland traf ich Heidi und da wir uns in den letzten Tagen immer mal wieder gegenseitig überholt hatten, kamen wir nun ins Gespräch. Dabei stellte sich heraus, dass wir das gleiche Ziel - nämlich das Nordkapp – hatten, sodass wir uns entschlossen erstmal zusammen weiterzufahren. Mit Heidi zusammen weiterzufahren, hatte zwei entscheidende Vorteile: Erstens brauchte ich mir erstmal keine Gedanken mehr über den Weg zu machen, da Heidi ihren Weg zum Nordkapp schon geplant hatte und ich mich diesem Plan einfach anschließen konnte. Zweitens hatte ich seit eineinhalb Monaten das erste Mal wieder echte Gesellschaft. Ich bin zwar immer mal wieder mit anderen Leuten in Kontakt gekommen, aber nach spätestens ein paar Stunden haben sich die Wege immer wieder getrennt. Ungefähr einen Tag vor Tromsø standen plötzlich zwei Elche am Straßenrand. Am Nachmittag konnten wir dann auch noch Delfine von der Straße aus beobachten. Das waren zwei Momente, die mich dafür entschädigten, dass ich seit einer Woche tagsüber dauerhaft nasse Füße hatte. In Tromsø musste ich mich erstmal wieder von Heidi trennen, da sie dort einen Tag bleiben wollte, um ihren Rückflug zu organisieren. Ich allerdings wollte möglichst schnell weiter nach Alta, um dort mein Paket mit den Ersatzteilen für mein Rad abzuholen.

Während des Radelns selbst fiel mir gar nicht so sehr auf, dass Heidi nicht mehr da ist, da wir beim Fahren sowieso nicht viel miteinander gesprochen hatten und beide eher in Gedanken versunken waren. Abends stellte ich dafür umso mehr fest, dass ich nun wieder allein unterwegs war. Keine Würfelspiele und niemanden zum Unterhalten mehr... Wenigstens hatten wir, bevor wir uns verabschiedet hatten, Handynummern ausgetauscht, sodass wir uns in Alta wiedertreffen könnten.

So radelte ich Alta entgegen und auf einmal standen zwei Rentiere vor mir auf der Straße. Damit hatte ich wirklich nicht gerechnet. Ich hatte mir zwar gewünscht Elche und Rentiere zu sehen, aber für besonders wahrscheinlich hatte ich es nicht gehalten. Und jetzt hatte ich beide schon gesehen, bevor ich überhaupt das Nordkapp erreicht hatte. Die ganze Plackerei, um hier her zu gelangen hatte, sich damit schon gelohnt und ich war ja noch lange nicht fertig. Voller Vorfreude radelte ich so den Rest des Tages weiter.

In Alta angekommen suchte ich den Campingplatz auf, zu dem meine Eltern mein Paket geschickt hatten und konnte dort gleich anfangen mein Rad zu reparieren. Als ich am nächsten Tag mit dem Rad zum nächsten Supermarkt radelte, um für die nächsten Tage einzukaufen, musste ich allerdings feststellen, dass ich irgendetwas falsch gemacht haben musste. Als ich versuchte an einer Ampel anzuhalten, musste ich nämlich feststellen, dass ich meine Füße nicht mehr aus den Klickpedalen lösen konnte. Zum Glück konnte ich mich gerade so noch an einer Laterne festhalten, sonst wäre ich einfach auf dem Gehsteig umgefallen. Doch nun hing ich dort. Die Füße klebten wie festgeschraubt an den Pedalen und ich hing an der Laterne und wusste nicht, was ich jetzt tun sollte. Nach einigem Hin und Her konnte ich meine Füße schließlich mit einem gewaltigen Ruck aus den Pedalen befreien. Doch hatte ich daraus gelernt? Nein. Auf dem Rückweg passierte mir nochmal genau das gleiche, nur dass ich die Laterne, an der ich mich festklammerte, diesmal durch ein Geländer ersetzte.

Auf dem Campingplatz angekommen machte ich mich gleich daran das Problem zu suchen. Wie sich herausstellte, hatte ich, als ich die Pedale wieder angeschraubt hatte, die Seiten vertauscht, sodass ich meine Füße verkehrt herum in die Pedale eingeklickt hatte.

In der Zwischenzeit war auch Heidi in Alta angekommen und wir konnten den weiteren Weg wieder zusammen fortsetzen.

Dieser führte uns zunächst 400 Meter den Berg hinauf auf ein Bergplateau. Die Landschaft, welche uns hier erwartete, lässt sich am Bestem mit dem Wort eintönig beschreiben. Die Vegetation bestand eigentlich nur noch aus Gräsern und Flechten. Ab und zu verirrte sich auch eine kleine Birke in die Landschaft. Als Ausgleich für die abwechslungsärmere Landschaft, konnte man hier hinter jeder Ecke Rentiere erwarten. So kamen wir dem Nordkapp immer näher und das Wetter wurde immer schlechter. Regen und (Gegen-) Wind begleiteten uns auf unserem Weg in Richtung Nordkapptunnel, welchen wir wohl oder übel nutzen müssen, wenn wir auf die Insel gelangen wollen, auf der das Nordkapp liegt. Ungefähr 10 Kilometer vor dem Unterwassertunnel hatte uns das Wetter für den Tag dann gebrochen, sodass wir unsere Zelte aufbauten, den Tag bei Karten- und Würfelspielen ausklingen ließen und für den nächsten Tag auf besseres Wetter hofften. Am nächsten Morgen regnete es leider immer noch, sodass ich ziemlich froh war, dass dies mein letzter Tag sein würde, an dem ich in Richtung Norden radeln würde. Ab morgen würde es in den Süden und damit der Sonne und der Wärme hinterher gehen. Das alles nützte für diesen Morgen jedoch recht wenig, sodass es ein innerer Kampf wurde, das nasse Zelt zusammenzu-

packen und loszuradeln. Wenigstens regnete es im Tunnel nicht mehr. Dafür hatten wir dort wieder mit den Standardproblemen von Tunneln zu tun. Immer wenn sich Autos oder LKWs nähren gabs die Sorge gleich über den Haufen gebrettert zu werden, zudem war es unglaublich laut. Wenn allerdings keine Autos oder LKWs im Anmarsch waren, war es herrlich ruhig in diesem Tunnel. Nach ungefähr vier Kilometern im Tunnel ging es steil bergauf und wir kamen nur langsam voran. Insgesamt war ich sehr froh, als wir auf der anderen Seite aus dem Tunnel herausradelten und ich den Lärm wieder gegen Regen eintauschen konnte.

Gegen Nachmittag kam sogar noch die Sonne hinter den Wolken hervor und am späten Nachmittag, als wir am Nordkapp ankamen, mit reichlich Wind, dafür aber ohne Regen und mit Sonne, konnten wir die Aussicht auf das Nordmeer genießen. Nach knapp 2 Monaten und gut 4000 Kilometern auf dem Rad stand ich nun am Nordkapp und damit an dem einzigen echten Ziel meiner Radtour. Für den Ausblick hatte es sich schon mal nicht gelohnt! Einzig das Wissen, dass zwischen mir und Kanada bis auf Spitzbergen in diesem Moment nichts mehr war, machte den Blick auf das graue Meer dann doch besonders. Abends durfte ich mein Abendessen dann auf Heidis Kocher kochen. Das war wirklich sehr praktisch, da mich die Feuermaterialsuche in dieser kargen Landschaft wahrscheinlich mehrere Stunden gekostet hätte. Die gesparte Zeit konnten wir so wieder viel besser für Karten und Würfelspiele nutzen.

Den nächsten Tag verbrachten wir noch vollständig auf Magerøya - der Insel, auf der sich das Nordkapp befindet. Zunächst wanderten wir noch zum tatsächlich nördlichsten Punkt der Insel. Das Nordkapp selbst ist zwar nicht der nördlichste Punkt, dafür aber mit seiner 300 Metern abfallenden Steilwand beeindruckender. Im Gegenzug nehmen deutlich weniger Menschen die Wanderung in Kauf, sodass man am nördlichsten Punkt der Insel die Ruhe genießen kann, während man auf das Meer schaut.

Da wir beide keine Lust hatten, noch einmal durch den Tunnel zu fahren, entschlossen wir uns am nächsten Morgen mit den Hurtigruten nach Havøysund zu fahren, um von dort aus unseren Weg fortzusetzen. Das hatte außerdem den positiven Nebeneffekt, dass wir eine Strecke zurückfahren konnten, die wir bisher noch nicht gefahren waren. So radelten wir in Richtung Karasjok. Ich genoss die letzten Tage in der Gesellschaft von Heidi sehr und so war jeder Kilometer, den wir vorankamen, mit gemischten Gefühlen behaftet. Einerseits freute ich mich, dass ich mit jedem Kilometer nach Süden mit milderen Temperaturen – vor allem nachts – rechnen konnte, andererseits führte mich jeder weitere Kilometer auch Karasjok und damit der Trennung von Heidi entgegen. Einen Tag bevor wir in Karasjok eintreffen würden, hatte ich noch Glück. Meine Essensvorräte gingen langsam zur Neige und zum Frühstück musste ich mich schon mit Knäckebrot und einem Rest Marmelade begnügen. Hätten wir an diesem Tag keinen Supermarkt mehr gefunden, so hätte ich zum Abendessen noch ein paar Nudeln - ohne Alles - essen können. Zu meinem Glück sind wir am Nachmittag aber doch noch durch ein etwas größeres Dorf mit Supermarkt gefahren. Das Abendessen war somit gerettet.

Am nächsten Tag erreichten wir schließlich Karasjok, wo wir uns verabschieden mussten und unsere Wege wieder allein fortsetzten.

### BIRKENWÄLDER UND DIE ERSTEN VORBOTEN DES WINTERS.

Von Karasjok aus wollte ich über Inari nach Rovaniemi fahren. Dabei begann ich darüber nachzudenken, wo ich als Nächstes hinfahren wollte. Ursprünglich hatte ich mit dem Gedanken gespielt, dem ehemaligen eisernen Vorhang bis Istanbul zu folgen. Mittlerweile war ich mir da allerdings nicht mehr so sicher, da die Winter in Osteuropa auch ziemlich kalt werden können. Deswegen überlegte ich, ob ich nicht lieber irgendwo am Mittelmeer überwintern sollte, um dann vielleicht Westeuropa durchradeln zu können. Nur bei einer Sache war ich mir sicher: Erstmal würde mich mein Weg einige hundert Kilometer nach Süden führen.

Das Erste, was mir in Finnland auffiel, war, dass die Berge, welche mich seit Lillehammer begleiteten, nun fehlten. Das führte dazu, dass ich meine ersten Kilometer in Finnland ziemlich zügig zurücklegte. So hätte es weitergehen können. Allerdings hatten das Wetter und meine Straßenplanung da etwas gegen einzuwenden. Eine Straße, welche ich auf meinem Weg von Inari nach Rovaniemi nehmen wollte, war nicht asphaltiert, sodass sie sich unter anhaltendem Regen in einen Matschweg verwandelte. Das führte dazu, dass ich deutlich langsamer vorwärtskam und als Extra auch noch von oben bis unten mit Schlamm bedeckt war. Wenigstens konnte ich die ganze Zeit fahren und musste nicht schieben. Denn ein Rad, das um die 30 Kilo wiegt, wollte ich auf keinen Fall durch den Schlamm schieben müssen.

Auf den ersten 300 Kilometern konnte ich außerdem mehr Rentiere beobachten als Menschen. Diese standen häufig mitten auf der Straße, flohen aber ziemlich zügig, wenn ich mit meinem Fahrrad angeradelt kam.

Zwei Tage bevor ich Rovaniemi erreichte, musste ich feststellen, dass mein Schlafsack auch seine Grenzen besitzt. Ich hatte für die Nacht einen Shelter mit Feuerstelle gefunden und war eingeschlafen als das Feuer noch brannte. In den Morgenstunden, als das Feuer schon lange erloschen war, bin ich

dann allerdings fröstelnd aufgewacht. Auch meine Isomatte wärmte schon seit längerer Zeit nicht mehr besonders gut, da sie schon seit den Lofoten ein Loch hatte, sodass die Luft, die man abends mühsam in diese hinein gepustet hatte, nicht lang in dieser blieb. Die Kombination aus kaputter Isomatte, erloschenem Feuer und einer kalten finnischen Nacht, konnte mein Schlafsack nun offenbar nicht mehr ausgleichen, sodass mir nichts anderes übrigblieb, als aufzustehen und wieder ein Feuer zu entfachen. Da es schon dämmerte, war es jedoch nicht so schlimm und nachdem ich mich aufgewärmt und gefrühstückt hatte, kam ich so wenigstens sehr zeitig los.

Während des Radelns ergab sich dann allerdings direkt die nächste Begegnung mit der Kälte. Da ich immer noch in meinen Quasisandalen unterwegs war, hatte ich mich eigentlich schon daran gewöhnt den Tag über kalte Füße zu haben. Neu war heute allerdings, dass meine Füße so kalt wurden, dass es regelrecht schmerzte. Da ich den Tag über aber recht gut vorankam, entschied ich mich bereits um 14 Uhr dazu mir einen Platz für die Nacht und - viel wichtiger - für ein Feuer, um meine Füße wieder aufzutauen, zu suchen. Weiterfahren hätte heute eh nicht besonders viel gebracht, da ich in 40 Kilometern bereits in Rovaniemi angekommen wäre und dort wollte ich ab morgen für ein paar Tage eine Pause einlegen. Bald darauf hatte ich einen Lagerplatz gefunden und das Feuer war bereits entfacht. Meine Füße waren auch schon fast wieder warm, die Aussicht auf den Fluss war wunderschön und ich hatte begonnen eine Tafel Schokolade zu essen. Doch bald war die Schokolade aufgegessen und das Feuer fast heruntergebrannt und ich musste mich auf die Suche nach Feuerholz machen. Mir fiel dabei auf, dass ich das Handball Spielen mittlerweile wirklich vermisste. Losgefahren war ich in der Sommerpause, in welcher sowieso keine Handballspiele stattgefunden hätten, doch mittlerweile lief die Saison wieder und wenn ich jetzt zu Hause wäre, könnte ich auch wieder Handball spielen. Dagegen sprachen allerdings Momente, wie der, als die Schokolade noch nicht aufgegessen war. Ungefähr fünf Tage Pause gönnte ich mir in Rovaniemi, einem Heimatort des Weihnachtsmanns, der genau auf dem Polarkreis liegt. Da ich schon einmal da war, besuchte ich den Weihnachtsmann auch. Am Ende von unserer kurzen Unterhaltung, ermahnte mich der Weihnachtsmann dann noch, ja nicht zu vergessen, ihm mitzuteilen, wo ich mich an Weihnachten befinden werde. Denn wenn er das nicht wisse, könne er mir ja auch keine Weihnachtsgeschenke bringen. In meinem Hostel traf ich außerdem auf einen Reisenden aus Südkorea. Dieser reiste mit seinem E-Roller, welcher ein wenig wie ein E-Scooter mit riesigen Reifen aussah. Er erzählte mir, dass er in Russland sein Zelt verkauft hatte, da er Geld gebraucht hatte, um seinen Roller zu reparieren. In Finnland angekommen, wollte er als nächstes weiter nach Schweden und war schon ganz aufgeregt, dass man in Europa Ländergrenzen einfach auf dem Landweg passieren kann. Aus Südkorea kannte er nur die Überquerung von Ländergrenzen auf dem Luft- oder Wasserweg. All dies erzählte er mir bei einem gemeinsamen Abendessen, bei dem es Eierkuchen und Cola aus einer Plastiktüte gab.

Ansonsten unternahm ich während meiner freien Zeit in Rovaniemi nicht viel, sondern genoss einfach die fahrradfreie Zeit. Ziemlich überraschend konnte ich eines Abends direkt von dem Parkplatz vor meinem Hostel Nordlichter beobachten. Diese waren leider nur ganz schwach zu erkennen, da es in der Stadt so hell war, aber immerhin.

Nach fünf Tagen hatte ich mich ausreichend erholt und setzte meine Fahrt in Richtung Ostsee, und dann an der Ostseeküste entlang fort. Doch obwohl ich ab Oulu auf dem Ostseeküsten-Radweg fuhr, konnte ich das Meer leider nur sehr selten wirklich sehen. Allerdings begann mich die immergleiche Landschaft in Finnland zu langweilen. Gerade Straßen, die durch Birkenwälder führen. Außerdem jagte nun eine kalte Nacht die nächste, sodass insbesondere das Zeltabbauen am Morgen bald zu einer regelrechten Tortur wurde. Wenn man aus dem warmen Schlafsack gekrochen ist, ist erstmal sowieso alles frisch. Da man beim Zeltabbau auch noch mit den kalten Zeltstangen und der mit Reif bedeckten Zeltplane rumhantieren muss, hatte ich eigentlich immer gleich zu Tagesbeginn tiefgekühlte Finger. Wegen meiner dünnen Schuhe hatte ich dann im Tagesverlauf auch meistens kalte Füße. Zumindest mit den kalten Fingern kam ich im Laufe des Tages meist ganz gut klar, da diese fast immer von allein wieder warm wurden.

Nachdem ich Oulu passiert hatte, begann ich mit dem Gedanken zu spielen, ob ich den restlichen Teil Finnlands mit dem Zug abkürzen sollte. So würde ich schneller an andere Schuhe kommen und außerdem malte ich mir aus, dass es im Baltikum noch ein wenig wärmer sein könnte. Dabei drehten sich meine Gedanken und Überlegungen meist im Kreis: Da ich die Tour nur für mich selbst unternahm, hinderte mich im Prinzip nichts daran einfach in den Zug einzusteigen. Dagegen stand nur mein Stolz. Ich wollte die Strecke einfach mit dem Rad zurücklegen und nicht auf den Zug ausweichen müssen. So war ich abends oft davon überzeugt, am nächsten Morgen in den Zug einzusteigen, und am nächsten Morgen wollte ich davon nichts mehr wissen und radelte wieder einen Tag lang weiter an der Ostseeküste entlang. So kämpfte ich mich Stadt für Stadt weiter voran und sagte mir in jeder von ihnen, dass ich nur noch bis zur nächsten fahren würde und da dann aber in den Zug steigen würde. So ließ ich Kokkola, Vaasa und Pori hinter mir zurück.

Während meiner Fahrt von Pori nach Turku, kam zu der Kälte nun auch noch Regen, sodass ich, als ich in Turku ankam, tatsächlich in einen Zug stieg und die Strecke von Turku nach Helsinki mit dem Zug übersprang. Für meinen Stolz war dies zwar eine kleinere Niederlage, für den Rest meiner Verfassung fühlte sich das aber gut an, sodass ich in Helsinki mit guter Laune auf die Fähre nach Tallinn fuhr.

### NEUE SCHUHE UND SCHÖNE STRÄNDE.

In Tallinn angekommen kaufte ich mir in einem Fahrradgeschäft neue wasserdichte und warme Fahrradschuhe. Zusätzlich kaufte ich mir noch eine Art wasserdichten Überschuh, der gefüttert war. Jetzt war ich guten Mutes, dass ich die nächsten Wochen ohne kalte Füße verbringen würde! In Tallinn brachte ich zudem mein Fahrrad wieder auf Vordermann. Das heißt, ich wechselte die Bremsbeläge, stellte die Bremsen neu ein und zog alle losen Schrauben wieder an. Eine größere Generalüberholung wollte ich dem Fahrrad erst in Wien gönnen. Wien war in den letzten Wochen zu meinem nächsten großen Ziel geworden. Nicht unbedingt, weil ich unbedingt nach Wien wollte, sondern eher, weil es, egal ob ich mich später für Griechenland, Italien oder Spanien entscheiden würde, immer auf dem Weg lag. Wieder auf dem Fahrrad merkte ich sofort, wie viel angenehmer die neuen Schuhe waren. Endlich hatte ich sowohl trockene als auch warme Füße beim Radeln. Und das egal, ob es regnete oder die Sonne schien. So radelte ich mit bester Laune quer durch Estland, um schließlich bei Pärnu wieder auf die Ostsee zu treffen.

Mittlerweile war ich außerdem dazu übergegangen auch morgens etwas Warmes zu essen, um so die Kälte zu vertreiben. Das bedeutete allerdings, dass ich nun abends noch mehr Feuerholz suchen musste, damit ich am Morgen auf der Suche nach Brennmaterial nicht durch die Kälte stapfen muss. Außerdem benötigte das Kochen des Sirup-Müsli-Breis auch noch zusätzliche Zeit. Die Wärme war diesen Aufwand für mich aber auf jeden Fall wert. Mittags blieb ich aber dabei nur etwas Müsli zu essen, um dann am Abend ein richtiges Abendessen zu kochen. Dabei beschränkte ich mich abends eigentlich immer auf drei Gerichte in kleineren Variationen. Diese waren Nudeln mit Tomatensoße, Reis mit Tomatensoße und Bohnen mit Zwiebeln, oder in Tomatensoße. Diese Gerichte hatten sich so ergeben, da sie sich mit relativ wenig Aufwand zubereiten lassen und außerdem gut in Fahrradtaschen für mehrere Tage mitgenommen werden können.

Als ich durch Estland und Lettland radelte wurde es dann auch noch etwas wärmer, sodass das Radfahren wieder richtig Spaß machte. Einzig die Radwege trübten das Bild manchmal. Diese bestanden teilweise aus losen Sandwegen und auf losem Sand fährt es sich einfach bescheiden. Dementsprechend war ich oft gezwungen, von meinem Fahrrad abzusteigen und dieses zu schieben. Das wurde allerdings dadurch ausgeglichen, dass die Landschaft wieder abwechslungsreicher wurde. Die Birkenwälder aus Finnland, wurden nun durch Kiefernwälder abgelöst, welche direkt in den Sandstrand der Ostsee übergingen. Ich konnte mein Zelt abends also unter Bäumen direkt am Meer aufbauen. Wenn das Wetter halbwegs mitspielte, konnte ich mein Abendessen sogar im Sand sitzend genießen. Dementsprechend war ich auf diesem Streckenabschnitt so zufrieden und sorglos, wie ich es auf den letzten 1500 Kilometern nicht mehr gewesen war.

In Riga beantragte ich ein Touristenvisum für Kaliningrad. Dieses konnte man relativ unkompliziert im Internet beantragen. Das Visum würde zwar nur eine Einreise nach Kaliningrad ermöglichen, aber mehr brauchte ich im Moment auch nicht.

Kurz hinter Riga hatte ich den ersten Platten meiner Tour und das nicht etwa, weil sich ein Gegenstand von unten durch den Mantel gedrückt hatte, sondern weil sich ein Teil der Bremse durch die Flanke vom Mantel gefressen hatte. Damit musste ich nun gleich zwei Sachen reparieren. Den Schlauch zu flicken, war einfach und somit schnell erledigt. Um nun jedoch den Mantel wieder hinzubekommen, musste ich improvisieren. Meine Lösung war schließlich, dass ich einen paar Streifen Panzerband von innen in den Mantel vor das Loch klebte und daraufsetzte, dass sich das Ganze durch das Aufpumpen des Reifens dann stabilisiert. Überraschenderweise ging der Plan auch ziemlich gut auf. Einige Tage später, als ich schon fast in Litauen angekommen war, erhielt ich dann mein Visum für Kaliningrad per E-Mail. Mit der Aussicht, dass die Einreise nach Kaliningrad - und damit nach Russland - nun nichts mehr im Wege stand, ging die Durchquerung von Litauen ziemlich schnell. Über die kurische Nehrung erreichte ich schließlich die russische Grenze.

Mit dem Rad über die Grenze zu kommen, war kein Problem mehr. Während die Autos mit Spiegeln und teilweise mit Hunden kontrolliert wurden, wurde ich nur einmal schräg angeschaut und durfte dann über die Grenze nach Kaliningrad radeln. Die Landschaft veränderte sich durch diesen Grenzübertritt nicht besonders. Was sich dagegen sehr änderte, war die Infrastruktur. Der Ausdruck „Schlechte Straßenverhältnisse" nahm hier wirklich eine andere Dimension an. Die kleineren Landstraßen, auf denen ich meistens unterwegs war, bestanden nun fast nur noch aus Schlaglöchern. Diese konnten teilweise auch gerne einen halben Meter tief sein und sich über die halbe Straße erstrecken. Außerdem waren die meisten Häuser grau und es lag - verglichen mit meiner Strecke zuvor - ziemlich viel Müll auf und neben der Straße. An meinem zweiten Tag in der russischen Exklave fiel mir die Militärpräsenz auf. Das merkte ich einerseits an den vielen Uniformträgern, die auf den Straßen unterwegs waren. Andererseits fuhr ich auch an vielen Gebäuden vorbei, die der Aufschrift nach zum Militär gehörten.

Da ich in Kaliningrad wieder in einem Hostel unterkam, zeltete ich nur eine Nacht im Oblast Kaliningrad. Mitten in der Nacht wachte ich plötzlich auf! Neben meinem Kopf wurde die Zeltplane heruntergedrückt. Im ersten Moment dachte ich, dass da bestimmt mal wieder eine Maus oder ein anderes kleines Tier über mein Zelt läuft. Als ich jedoch von unten versuchte, die Zeltplane wieder nach oben zu schieben, stellte ich fest, dass das wohl eher die Pfote eines mittelgroßen Hundes sein musste. Diese verschwand aber zum Glück direkt, nachdem ich sie durch die Zeltplane berührt hatte. Als ich daraufhin nachsehen wollte, was der dazu gehörende Hund in meinem Lager machte, konnte ich allerdings keinen Hund sehen. Mit einem mulmigen Gefühl legte ich mich wieder in mein Zelt und versuchte einigermaßen erfolgreich noch bis zum nächsten Morgen weiter zu schlafen.

Als ich am Tag darauf schließlich die Stadt Kaliningrad erreichte, musste ich feststellen, dass diese meinen bisherigen Eindruck von Russland noch einmal bestätigte. Bis auf ein paar Stadtteile war auch Kaliningrad ein einziger farbloser Plattenbau.

Meine Ausreise war nicht ganz so simpel, wie die Einreise. Das lag vor allem daran, dass diesmal beide Seiten der Grenze meinen Pass kontrollierten.

Abgesehen davon wurde ich auch diesmal gleich nach ganz vorn gewunken, einmal kurz und halb im Scherz gefragt, ob ich denn Drogen schmuggeln würde und daraufhin durchgelassen.

## SCHLECHTES WASSER UND EINE FRAGLICHE ENTSCHEIDUNG.

Während ich meine Fahrt Richtung Wien fortsetzte, merkte ich deutlich, dass inzwischen November geworden war. Das lag gar nicht unbedingt am Wetter, denn seit ich warme Füße hatte, war das deutlich besser zu ertragen. Ich merkte dagegen extrem, wie viel früher es im Winter dunkel wird. Da ich mein Abendessen bei einem Rest Tageslicht kochen und auch mein Zelt spätestens in der Dämmerung aufbauen wollte, musste ich mittlerweile früher mit der Lagerplatzsuche beginnen. Aus dieser Einstellung folgte, dass mir am Tag immer weniger Zeit zum Radfahren zur Verfügung stand. Um das ganze abzukürzen: Ich schaffte einfach nicht mehr so viele Kilometer pro Tag wie im Sommer. Außerdem wusste ich oft nicht, was ich im Dunkeln im Wald anstellen sollte, ich ging also oft schon sehr zeitig schlafen. Zu dieser düsteren Stimmung passte auch, dass einige Verschleißteile an meinem Rad - und ganz besonders meine Reifen - mittlerweile immer öfter repariert werden mussten. Trotzdem wollte ich die meisten dieser Teile erst in Wien tauschen. Dementsprechend häufig musste ich in den nächsten Tagen meine Reifen flicken oder ähnlichen kleineren Reparaturen nachgehen.

Nachdem ich in Krakau ein paar Tage Pause eingelegt hatte, erreichte ich in drei Tagen Tschechien. Hier in Tschechien bekam ich die Quittung dafür, dass ich seit Skandinavien mein Trinkwasser, welches ich aus Bächen oder Flüssen nahm, nicht mehr abkochte. Ich hatte gegen Abend meine Wasservorräte wie gewöhnlich an einem Fluss aufgefüllt und infolgedessen musste ich mich nachts mehrmals übergeben und hatte Durchfall. Da es mir am nächsten Morgen noch nicht besser ging, beschloss ich einen zweiten Ruhetag einzulegen, um mich wieder gesund zu schlafen. Danach konnte ich meine Fahrt durch den Nebel, welcher mich seit Krakau verfolgte, fortsetzen. So erreichte ich bald die Slowakei und nach einem weiteren Tag die Donau.

Genau einen Monat vor Weihnachten kam ich endlich in Wien an. Hier blieb ich für knapp eine Woche in einem Hostel. In dieser Woche brachte ich mein Fahrrad wieder auf Vordermann, aß das ein oder andere Schnitzel, besorgte mir eine neue Isomatte und Handschuhe und ließ es mir einfach gut gehen. Die neue Isomatte besorgte ich mir, da es mich mittlerweile störte, ständig ohne Luft in der Matte schlafen zu müssen. Die neuen Hand-

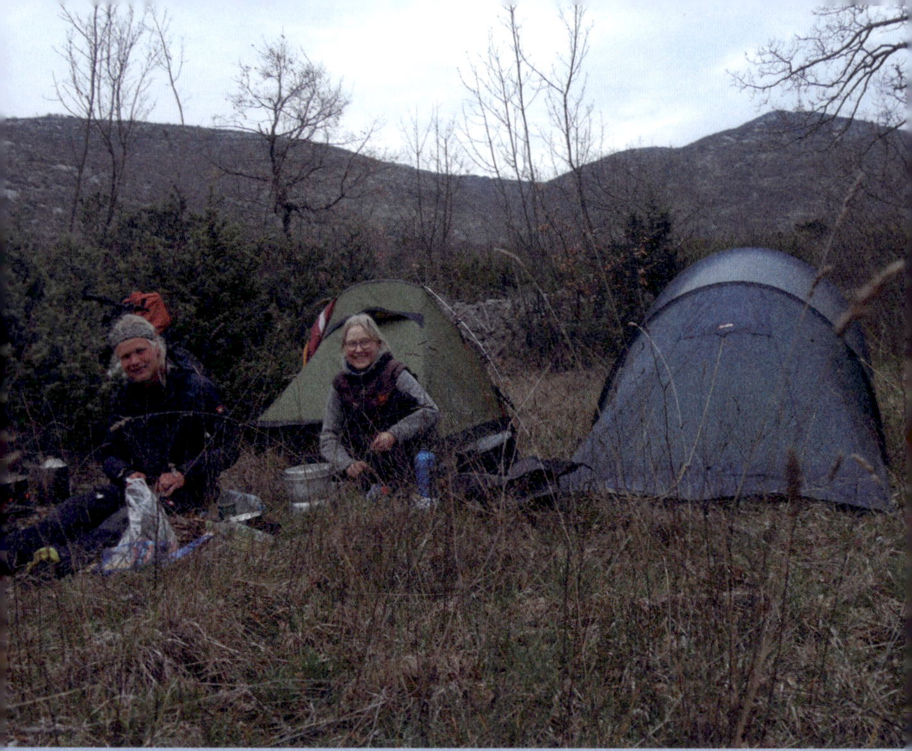

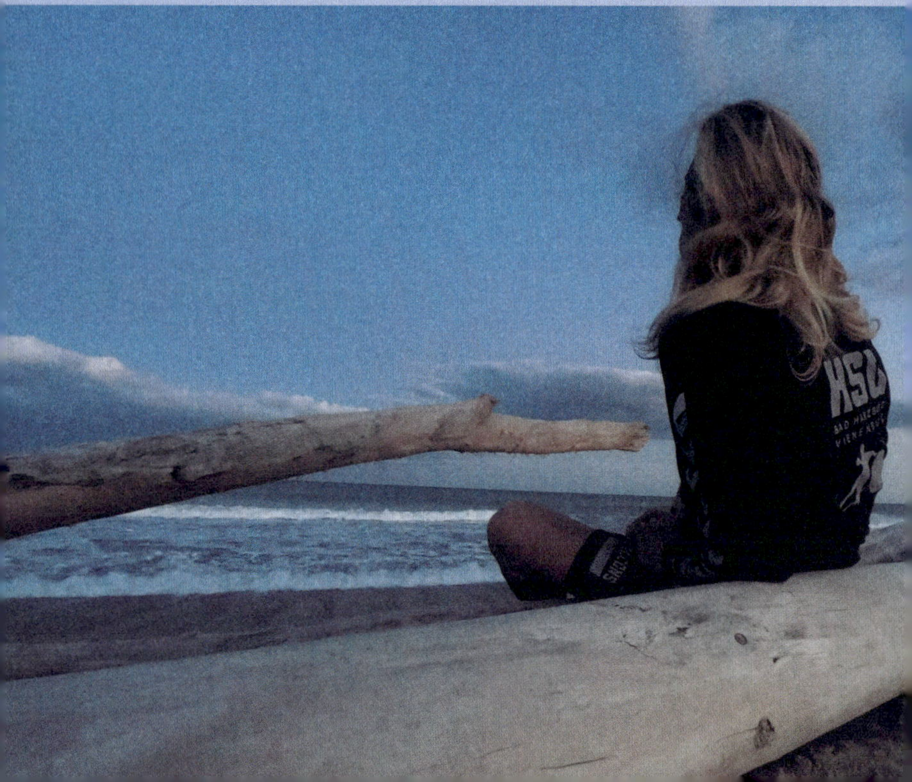

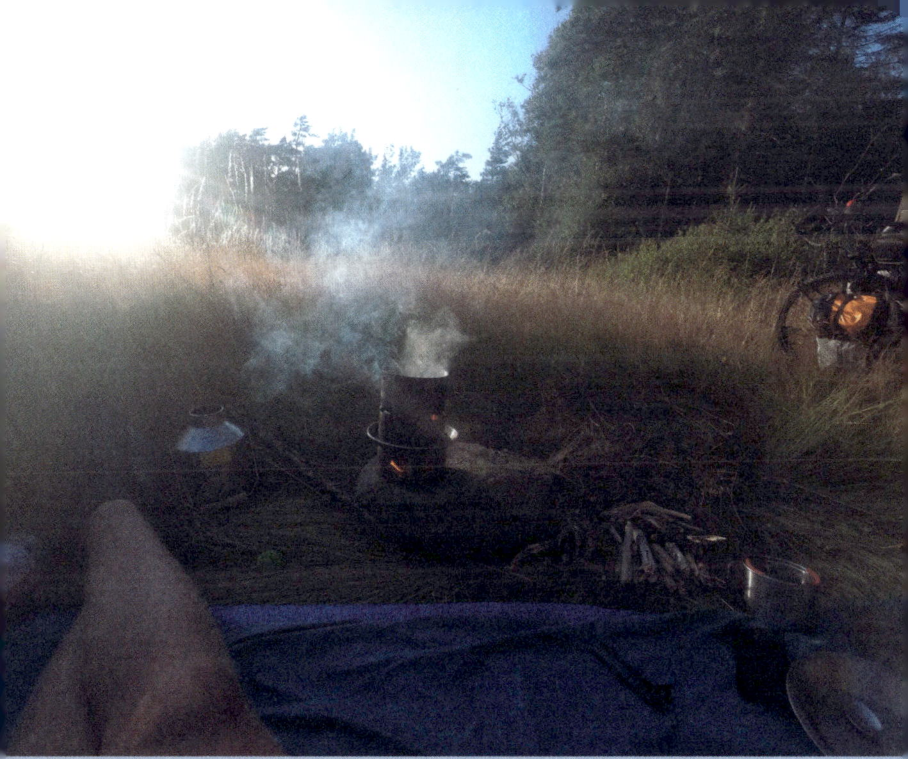
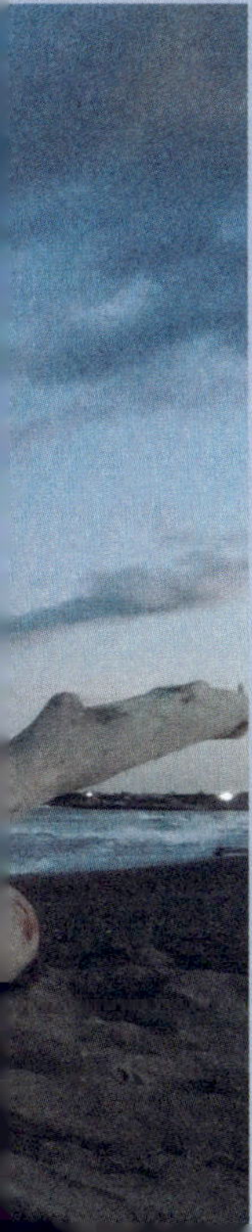
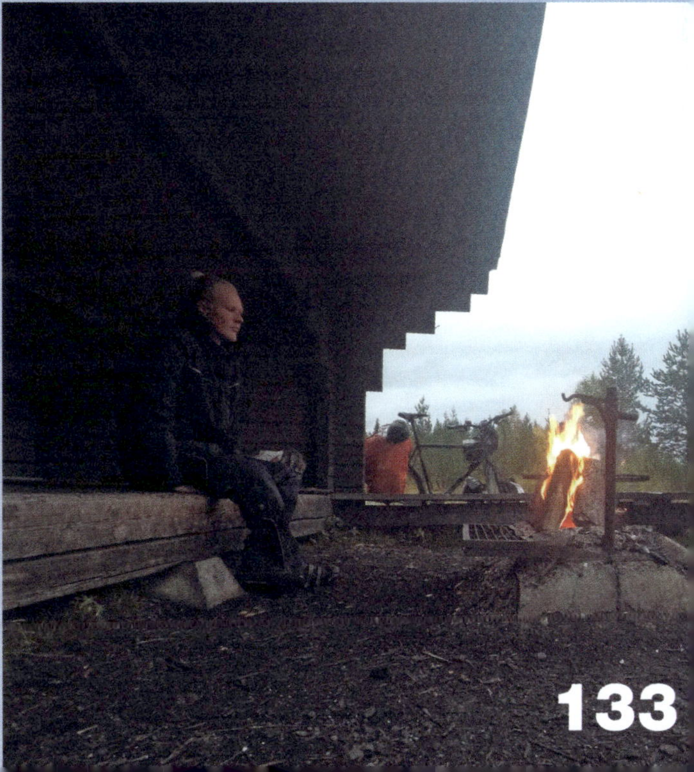

schuhe brauchte ich, da mir die Alten mittlerweile zu frisch wurden. Außerdem traf ich nun final die Entscheidung, dass mich mein Weg von hier nach Italien führen sollte.

Nachdem ich Wien verlassen hatte, begann es unerwartet zu schneien. Damit hatte ich bei meinem Aufbruch nicht gerechnet! Da ich nicht im Schneetreiben Radfahren wollte, verbrachte ich einen Tag im Zelt, um zu schauen, ob es vielleicht wieder aufhörte. Am nächsten Tag war das Wetter leider unverändert und auch der Wetterbericht versprach für die nächsten Tage keine Besserung. Das stellte mich vor ein Rätsel. Denn einerseits hatte ich keinerlei Erfahrungen mit Zelten im Schnee. Dafür wusste ich, wie schlecht es sich im Schnee mit meinem Rad schon ohne Gepäck fuhr. Mit Gepäck würde das nur schlimmer werden. Zu guter Letzt hatte ich auch noch einen unglaublichen Respekt vor den Alpen im Winter. All dies bewegte mich zu der Entscheidung in einen Zug zu steigen, die Alpen zu überspringen und meinen Weg in Italien fortzusetzen.

### GEISTERSTÄDTE UND DIE CARABINIERI.

In Udine angekommen überraschten mich die milderen Temperaturen positiv. Zudem konnte ich schnell feststellen, dass die Italiener deutlich kontaktfreudiger waren, als es die Menschen, denen ich bisher begegnet war, gewesen sind. Dies äußerte sich besonders abends, wenn mein Zelt schon stand. Häufig tauchte von irgendwoher jemand auf und wollte sich mit mir darüber unterhalten, was ich denn da eigentlich mache. So richtig sicher, ob mir das gefiel, war ich mir allerdings nicht. Einerseits ist es immer schön, wenn sich jemand für die Sachen, die man unternimmt, interessiert. Andererseits wollte ich beim Kochen oder beim anschließenden Essen auch einfach mal die Ruhe und die Auszeit vom Radeln genießen, was mir schwerfiel, wenn ich mich dabei mit Händen und Füßen verständlich machen musste. Ich kann nämlich kein Italienisch und einige der Leute, die sich mit mir unterhalten wollten, konnten weder Englisch noch Deutsch. Als ich durch die Region an der Küste vor Venedig fuhr, hatte ich das Gefühl, als radelte ich durch eine Geisterstadt. In den sehr auf Tourismus ausgelegten Städten war nämlich beinahe kein Mensch unterwegs, sodass alles seltsam leer aussah. Abends baute ich dann mein Zelt am Flussufer des Pos auf. Am frühen Morgen, noch bevor ich die Sonne überhaupt erahnen konnte, wurde ich durch Motorengeräusche geweckt und auf einmal fiel Scheinwerferlicht auf mein Zelt. Ich entschied mich dazu, erstmal abzuwarten und beobachtete das Treiben vor meinem Zelt durch die Lüftungsschlitze. Es stellte sich heraus, dass genau an der Stelle, an welcher ich mein Zelt aufgebaut hatte, drei Typen einfach nur ihr Boot zu Wasser lassen wollten. Nachdem sie das geschafft hatten, stellten sie ihr Auto ab und verschwanden mit dem Boot. Da von der Sonne immer noch keine Spur war, schlief ich daraufhin noch einmal ein. Ungefähr eine Stunde später wurde ich jedoch wieder geweckt. Diesmal stand die Carabinieri vor meinem Zelt. Bisher hatte ich immer gehört, dass mit der italienischen Polizei nicht zu spaßen sei, insbesondere beim Wildcampen. Deswegen machte ich mir jetzt Gedanken, wie das wohl ausgehen würde. Die beiden Polizisten wünschten mir jedoch nur einen guten Morgen, wollten dann von mir wissen, ob ich hier fischen würde und als ich dies verneinte, verabschiedeten sie sich wieder. Leicht verwundert zog ich mich wieder in mein Zelt zurück. Damit hatte ich nicht gerechnet. In der Morgendämmerung packte ich all meine Sachen zusammen, um mich auf den Weg zu machen.

Die folgenden Tage waren sehr deprimierend. Überall lag Müll herum. In Flüssen, auf Äckern, am Strand, oder kurz: überall da, wo nicht mit Touristen zu rechnen war. Außerdem hatte ich Startschwierigkeiten mit dem italienischen Verkehr. Dieser schien entweder nicht auf Radfahrer ausgelegt zu sein, oder ich war einfach nicht in der Lage zu erkennen, wie ein Radfahrer sich hier am sinnvollsten verhalten sollte. Jedenfalls hatte ich durchgängig das Gefühl, dass jeder machte, was er wollte, und wenn man seinen Platz im Straßenverkehr nicht verteidigte, dann hatte man auch schnell keinen mehr. Der Verkehr und der Müll trieben mich an, denn ich hoffte, dass es weiter im Süden vielleicht irgendwann besser werden würde. Dadurch kam ich immerhin ziemlich schnell vorwärts. Bald schon kam ich in Ancona an.

Von hier an kam ich besser klar. An den Straßenverkehr hatte ich mich mittlerweile so gut es ging gewöhnt und den Müll in meinem Blickfeld versuchte ich zu ignorieren. Letzteres klappte allerdings nicht immer. Heiligabend verbrachte ich an einem menschenleeren und unbebauten Strand an der Adriaküste, der voll mit Müll lag. Da ich vergessen hatte, dem Weihnachtsmann meinen Standort mitzuteilen, bekam ich nicht mal Geschenke. Silvester dagegen hätte ich fast vollständig verschlafen, wäre ich nicht von dem Feuerwerk geweckt worden. Nicht wirklich daran interessiert schlief ich jedoch auch schnell wieder ein und wurde dafür am nächsten Morgen mit strahlendem Sonnenschein belohnt.

Schließlich erreichte ich Messina. Mein Fahrrad hatte mal wieder einige Gebrechen, sodass ich auch hier eine Pause einlegen musste. Zum einen war meine Felge gebrochen. Das war allerdings ein Problem, das ich selbst lösen konnte. Also besorgte ich mir eine neue Felge und tauschte diese aus. Viel schwerwiegender war, dass mein Piniongetriebe etwas abbekommen hatte.

Aus irgendeinem Grund verlor dieses seit einigen hundert Kilometern Öl. Nicht viel, aber stetig. Nach einem Telefonat mit dem Hersteller stand fest: Das würde repariert werden müssen. Aber wie? Ich selbst konnte dieses nicht reparieren und in Messina gab es keine Werkstatt, die selbst Piniongetriebe verkauften oder reparierten. Also war die Lösung das Getriebe auszubauen und per Post nach Deutschland zur Reparatur zuschicken. Das würde allerdings ein paar Wochen dauern.

Da ich keine Lust hatte, die ganze Zeit nur in Messina rumzusitzen, stellte ich mein Rad in Messina unter und trampte für knapp zwei Wochen durch Sizilien. Ziemlich spontan entschied sich Johannes - ein Kumpel von mir - mich dabei zu begleiten.

### EINE PANDEMIE BEGINNT.

Nachdem mein Rad wieder fit war, konnte die Tour weiter gehen. Dabei stellte ich mit Freude fest, dass ich während der Fahrt wieder Singvögeln zuhören konnte. Außerdem waren die Tage wieder spürbar länger geworden, sodass ich mir ausmalte, jetzt wieder längere Strecken am Tag zurücklegen zu können. Als nächstes fielen mir jedoch die drei Wochen Pause auf die Füße. Denn sowohl meine Beine als auch mein Po waren es nicht mehr gewohnt, den ganzen Tag auf dem Rad zu verbringen. Ich musste mich also wieder mit einem schmerzenden Hinterteil abfinden. Diesmal dauerte es aber nicht ganz so lange, bis mein Po wieder im richtigen Modus war.

In Pompeji legte ich zwei Tage Pause ein, um mir die verschüttete Stadt anzusehen. Als ich am letzten Abend in Pompeji für die nächsten Tage einkaufte, fiel mir ein älteres Ehepaar auf, das dem Anschein nach versuchte, den ganzen Laden leer zu kaufen. So einen großen Einkauf hatte ich bisher noch nie gesehen. Ich dachte mir aber nichts weiter dabei, kaufte meine Sachen für die nächsten Tage und ging zu meinem Campingplatz zurück. Inzwischen hatte ich mit Heidi abgemacht, dass wir uns in Kroatien wieder treffen wollten. Deswegen war mein Plan nun, dass ich von Pompeji aus über die Abruzzen fahren wollte, um von Ancona aus mit der Fähre nach Kroatien zu gelangen. Auf dem Weg in die Abruzzen musste ich feststellen, dass einige der Berge verdächtig weiß aussahen. Zu diesem Zeitpunkt dachte ich noch, dass es ja reichlich ironisch wäre, wenn ich jetzt im März, mitten in Italien, noch durch Schnee fahren würde, nachdem ich mich in den Alpen so erfolgreich davor gedrückt hatte. Tatsächlich fuhr ich in den nächsten Tagen über Straßen, von denen ich geschlossene Schneedecken bewundern konnte. Aber wenigstens waren die meisten von ihnen geräumt worden. Auf den Straßen, die nicht geräumt worden waren, hatte die Sonne dafür gesorgt, dass ich auch hier ohne Probleme fahren konnte. Leider kann die Sonne aber nicht hinter jedem Berg scheinen, sodass ich manchmal doch durch Schneereste fahren musste. Dabei konnte ich feststellen, dass es sich im Schnee so ähnlich wie im Schlamm fährt - äußerst bescheiden. Einen Tag nach meinem Schneeabenteuer rollte ich in eine Straßensperre des Militärs. Für mich war nicht ersichtlich, wieso sie diese Straße gesperrt hatten und sagen wollten sie es mir auch nicht. Da sie mich auch nicht durchlassen wollten, musste ich wohl oder übel einen anderen Weg finden. Landschaftlich gesehen war der alternative Weg sogar richtig schön, sodass ich mich nicht länger über den Umweg ärgerte.

Kurz bevor ich in Ancona ankam, teilte mir die Fährgesellschaft mit, dass ausgerechnet meine Fähre die erste seien würde, welche coronabedingt ausfallen würde. Das ärgerte mich ziemlich, denn nun würde ich den gesamten Weg entlang der Adriaküste in Kauf nehmen müssen, um dann über Slowenien nach Kroatien zu gelangen. Ich ergab mich meinem Schicksal und machte mich daran die Adriaküste ein zweites Mal hinaufzufahren.

Als ich schließlich wieder in der Region von Venedig angekommen war, wurde ich von der Polizei angehalten. Da ich inzwischen von meiner Mutter erfahren hatte, dass das Land unter Quarantäne gestellt worden war, schwante mir nichts Gutes. Nachdem geklärt worden war, wer ich bin und was ich hier überhaupt mache, fragten mich die Polizisten, ob ich denn gar nicht mitbekommen hätte, was in Italien momentan los war. So zahlte sich mein verwahrlostes Aussehen also aus. Ich stellte mich also doof und sie klärten mich über die momentane Situation auf. Danach meinten sie wohlwollend, dass ich nun weiterfahren könne, da ich mich ja sportlich betätigte und das sei nach den momentanen Regularien tagsüber noch erlaubt. Ich bedankte mich also bei ihnen und sah zu, dass ich Land gewann.

Über einen Waldweg gelangte ich einen Tag später nach Slowenien. Hier sah die Sache schon wieder ganz anders aus. Auf einmal war keine Polizei mehr unterwegs und auch sonst schien das Leben hier noch ganz normal zu verlaufen. Unbehelligt konnte ich so das Land durchqueren. Nachdem der Waldweg für diesen Grenzübertritt also gut geklappt hatte, suchte ich mir für die kroatische Grenze auch wieder einen Waldweg. Auch in Kroatien schien Corona noch nicht wirklich zu existieren. Die einzige Sache, die an Corona erinnerte, waren vereinzelte Personen, die in den Supermärkten mit Mundschutz einkauften. Mit Heidi verabredete ich, dass wir uns entgegen radeln. Ich würde also in Richtung Split die kroatische Küste entlangfahren und sie in der entgegengesetzten Richtung. Getroffen haben wir uns dann südlich von Senj. Schon am zweiten Tag, an dem wir zusammen unterwegs waren, erreichte der Wind eine neue Stufe. Wir waren auf dem Weg nach Obrovac auf einer langen, geraden Straße, welche zudem sehr windexponiert verlief. Schon den ganzen Tag über war es relativ windig gewesen, doch bisher konnten wir immer irgendwie damit umgehen. Ein plötzlich von der Seite kommender Windstoß trieb uns beide Richtung Straßenrand. Heidi konnte noch rechtzeitig bremsen. Ich war jedoch näher am Rand gefahren und konnte nicht mehr rechtzeitig reagieren. Ich purzelte mit meinem ganzen Gerödel die Böschung hinab. Glücklicherweise ging es dort nur circa zwei Meter runter und nach einer Seitwärtsrolle mit meinem Rad kam ich zum Stehen. Die Sachen danach wieder auf die Straße hochzuhieven, stellte sich allerdings als gar nicht so einfach heraus. Mein Fahrrad und ich hatten bei der Aktion glücklicherweise nur ein paar Schrammen abbekommen, sodass es weiter gehen konnte.

In Trogir holte uns dann leider Corona wieder ein. An Heidis Geburtstag gegen Ende März standen von einem Tag auf den anderen überall Straßensperren. Ohne einen triftigen Grund - in Form von irgendeinem Papier - kamen wir an diesen nicht mehr vorbei. Und eine Radreise durch Europa zählte leider nicht als ein triftiger Grund. Zunächst versuchten wir die Straßensperren auf kleinen Fußwegen zu umgehen. Nach zwei Stunden schieben freuten wir uns, die Straßensperre umgangen zu haben und fuhren auf einer kleinen Straße weiter. Nach ungefähr einem Kilometer auf dieser erwartete uns die nächste Sperre. Enttäuscht drehten wir um und schlugen auf einer Wiese unsere Zelte auf, um die Lage zu überdenken.

Dabei kamen wir zu dem Entschluss, dass es keinen Sinn ergab, weiterzumachen, wenn wir nur weiterkommen, wenn wir auf Fußwege ausweichen,
auf denen wir nicht fahren können. Also entschlossen wir uns dazu, den
Rückweg nach Deutschland anzutreten, um unsere Tour dort dann vielleicht fortzusetzen. Um wieder nach Deutschland zu kommen, würden wir
fliegen müssen. Um an den nächsten Straßensperren auf dem Weg zum
Flughafen vorbeizukommen, erhielten wir von der deutschen Botschaft ein
Schreiben, in dem darum gebeten wurde, dass man uns zum Flughafen fahren lässt, um von dort das Land zu verlassen. Mit diesem Schreiben waren
die zahlreichen Straßensperren auf dem Weg zum Flughafen kein Problem
mehr. Sobald die Polizisten den Zettel sahen, ließ man uns recht schnell vorbei. Das sorgte dafür, dass ich an meinem Geburtstag noch einen schönen
Radfahrtag erleben durfte.

Am nächsten Nachmittag flogen wir in einem nahezu leeren Flugzeug zurück nach Deutschland, womit meine Tour jetzt nach neun Monaten, 16
erradelten Ländern und ungefähr 13 000 Kilometern sein Ende nahm.

Die Reise war vor drei Jahren und mittlerweile würde ich die ein oder andere
Entscheidung anders treffen. Vor allem die Zugfahrt über die Alpen würde
ich nicht mehr antreten, ohne versucht zu haben, den Weg selbst zurückzulegen. Das Reisen mit eigener Kraft und das dadurch bewusstere Vorankommen habe ich mir aber beibehalten. Griechenland habe ich immer noch
nicht gesehen. Die nächsten Reisen sind auch schon geplant. Darunter auch
eine längere durch den Westen der USA zwischen meinem Bachelor- und
Masterstudium.

**5** Hauptstädte

**87** Stunden im Zug

**600** Fahrradkilometer

Mit dem Faltrad zum Polarkreis

# TRAIN
# BIKEPACKING

# MIT DEM FALTRAD ZUM POLARKREIS

## JOHANNA STUBAUER

**Johanna ist zu jeder Jahreszeit gerne draußen - sei es direkt vor ihrer Haustür in den Bergen rund um Innsbruck oder auf weiter entfernten Abenteuern. Angereist wird oft mit dem Zug und dann geht es zu Fuß, auf Ski oder dem Fahrrad weiter. In ihrer Geschichte erzählt sie von einer besonderen Tour durch den Norden Europas mit ihrem Faltrad, das nicht nur sehr praktisch ist, sondern auch viele neue Wege möglich macht.**

Wie kommt man zum Ausgangspunkt einer mehrtägigen Radtour? Wie kommt man am Ende eines Bikepacking Trips wieder nach Hause? Viele leidenschaftliche Radreisende, Bikepacker oder wie auch immer man sich nennen möchte, werden sich diese Frage schon einmal gestellt haben.

Wenn man die Unabhängigkeit von Bikepacking in Gegenden fern des Wohnorts erleben möchte, ist oft zuerst diese organisatorische Hürde zu meistern. Das fängt damit an, dass man herausfindet, ob es überhaupt öffentliche Verkehrsmittel gibt, die einen in die Wunschregion bringen. Wenn diese dann auch Fahrradtransport durchführen, kann schon verhaltener Jubel aufkommen. Aber ob der oft rare Platz noch verfügbar ist? Gerade wenn die Reise in andere Länder organisiert werden soll, kann es außerdem spannend werden, ob die Tickets auch gebucht werden können. So vieles und noch mehr gilt es zu beachten, aber da Ausdauer bekanntlich beim

Radfahren Programm ist, kann man all dies mit dem richtigen Zeitplan und Organisationstalent schon hinbekommen. Manchmal stößt man aber an Grenzen und da führen unter Umständen kreative Lösungen zum Ziel. So manche Radfahrer sind dabei bereits zu großen Verpackungskünstlern mutiert. Neue Wege und Alternativen braucht es aber vor allem für Destinationen außerhalb des Wohnlands und der direkten Nachbarländer sowie für jene, die das Reisen mit dem Flugzeug vermeiden wollen.

Wer nun lieber zuhause bleibt und das Bike-Abenteuer von der Haustür weg starten will, dem ist viel Spaß zu wünschen. Wer drei Tage Zeit hat, um mit unzähligen Regionalzügen loszuziehen, die meistens Fahrradtransport möglich machen, dem ist auch zu gratulieren. Ohne Zweifel eine gute Wahl. Aber allen anderen Neugierigen möchte ich eine weitere Option erzählen. Was wäre, wenn man fast alle zuvor aufgezählten Fragen streichen könnte? Also ich meine: mit dem Rad unterwegs zu sein, aber nur ein Minimum an logistischen Herausforderungen zu haben. Genauso behaupte ich, dass man maximal flexibel öffentlich an- oder weiterreisen kann, ohne Fahrradreservierungen zu machen oder das Fahrrad zu verpacken. Hier stelle ich mir sofort ein vielfältiges Echo von Einwänden und Fragen vor.

Tatsächlich gibt diese Möglichkeit. Aber beginnen wir von vorne. Einen limitierenden Faktor für die logistische Machbarkeit kann die Größe des Fahrrads darstellen. Es passt nicht überall hin oder hinein. Was kann man deswegen also tun? Man versucht ein kleineres Fahrrad zu finden. Führt man diesen Gedanken weiter, landet man bei einem Faltrad. Das Faltrad wird üblicherweise in öffentlichen Verkehrsmitteln als ein Gepäckstück angesehen. Also kann man es einfach mitnehmen und bei der Ankunft losfahren.

Möglicherweise ist das Echo der Einwände jetzt noch lauter. Was ist mit Komfort, Fahrgefühl, Reichweite, Belastbarkeit, Ästhetik und Gewicht? Ich behaupte, das lässt sich alles klären, und das, was übrigbleibt, ist nebensächlich. Denn schließlich geht es vor allem um eines: Mit einem Fahrrad möglichst unabhängig zu sein und eine Entdeckungsreise machen zu können. Aber natürlich braucht es Kompromisse. Mit den alternativen Wegen kommen aber auch neue Möglichkeiten, und mit der richtigen Offenheit kann man diese als Chancen erkennen.

PELLO
ROVANIEMI
YLITORNIO
11
KALIX
TORNIO
0
25
50 km


9
TALLINN
PALDISKI
SAUSS
KEGEL
0
5
10


7
WENDEN
LIGAT
SEGEWOLD
0
5
10 km

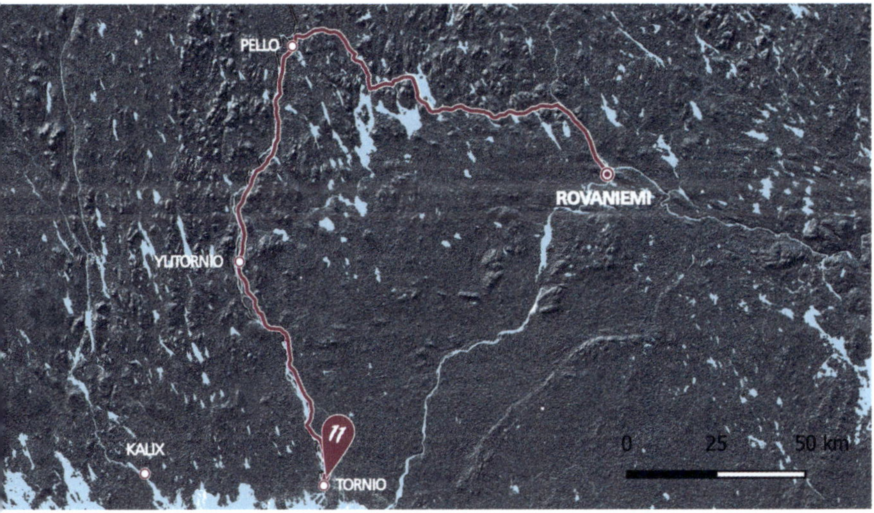

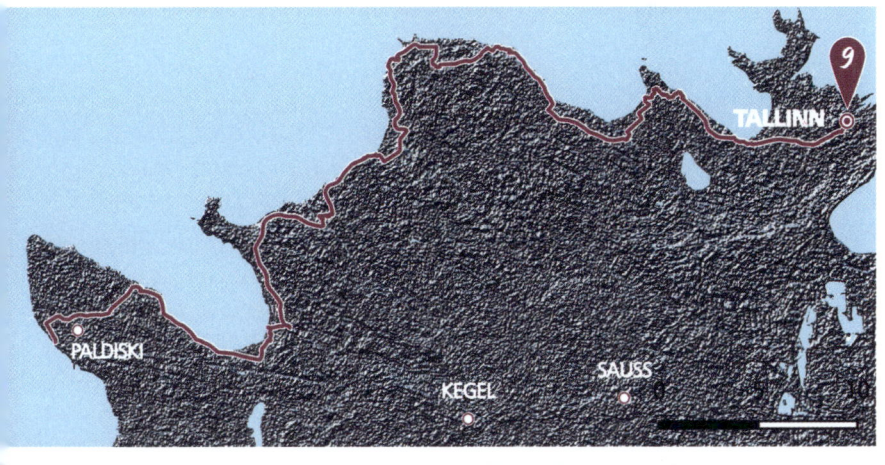

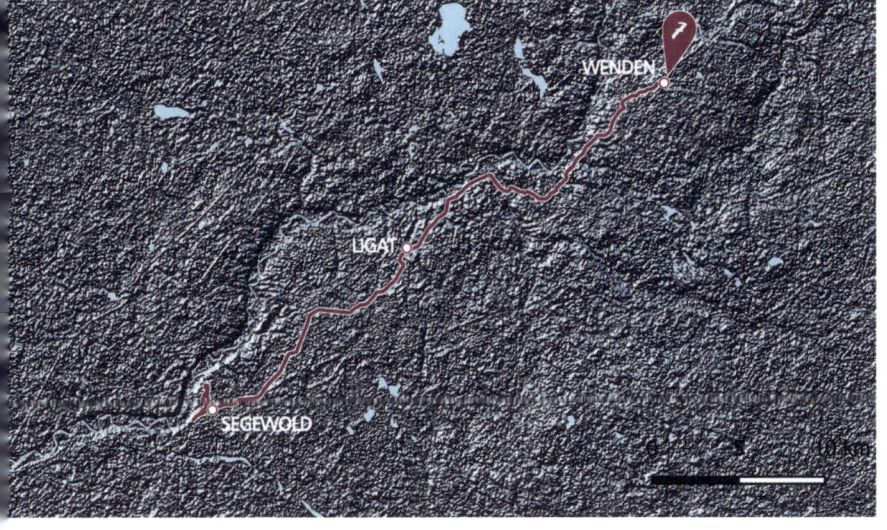

Diese Reise startet mit der Idee: „Kann ich mit einem Faltrad und der Nutzung von Zügen von Österreich aus den Polarkreis erreichen?". Voraussetzungen: Der verfügbare Zeitraum beträgt etwa zwei Wochen, und für die Nutzung der europäischen Eisenbahnen habe ich einen Interrail Pass. Bevor es losgeht, sind noch ein paar weitere Details zu klären. Was ist mit dem Gepäck? Wir spielen in Gedanken die verschiedenen Situationen durch und erkennen: Mit dem Faltrad unterwegs zu sein, bringt anderes mit sich als mit einem Tourenrad loszuziehen. Darauf wäre das Gepäck und Campingequipment gut montiert, und sollte man tatsächlich mal nicht mit dem Fahrrad von A nach B fahren - zum Beispiel durch den Bahnhof - dann kann man sein ganzes Hab und Gut schieben.

Wenn sich das Faltrad für die Mitnahme in den Zügen aber in ein Gepäckstück verwandeln muss, sollte auch das Reisegepäck so kompakt wie möglich sein. Denn sonst könnte ein Halt mit knappen Umsteigezeiten nicht nur zur logistischen Herausforderung werden, sondern auch zur Endstation für den Tag.

Um uns auf die Reise etwas einzustimmen, starten wir eine kurze Tour übers Wochenende zum Testen und Anfreunden mit dem Train-Bikepacking-Modus auf dem Faltrad. Aus diesem Wochenende lernen wir einiges und sind sehr enthusiastisch, besonders was die Machbarkeit von längeren Distanzen angeht. Die ungefähr 170 km an zwei Tagen haben Spaß gemacht, Höhenmeter können auch ein paar dabei sein, und man kann durch die 20-Zoll Laufräder auch auf Schotterwegen unterwegs sein.

Aber die große Herausforderung ist tatsächlich, dass es gut schafft, das zusammengefaltete Rad und das gesamte Gepäck dazu aus eigener Kraft zu tragen - idealerweise auch eine etwas längere Strecke als nur ein paar Schritte, um auch einen Gleiswechsel beim Umsteigen gut schaffen zu können. Weniger ist also wie fast immer mehr und ein Blick ins Taschen-Repertoire anderer Bikepacking-Touren gepaart mit etwas Kreativität lässt bald ein gutes Setup entstehen. Mit dabei ist alles, was man beim Radfahren im Norden Europas benötigt. Für Campingnächte sind wir genauso bereit wie für kältere Wetterbedingungen.

So kann die Reise losgehen und wir starten in Innsbruck. Mit dem Zug fahren wir nach Wien und steigen dort in einen Nachtzug mit der Ankunft in Warschau am nächsten Morgen.

Was wollen wir auf dieser Reise erleben? Was möchten wir machen, um am Ende der beiden Wochen mit einem strahlenden Lächeln an die Zeit zurückdenken zu können? In unserem Schlafwagenabteil können mein Reisepartner und ich an diesem ersten Abend im Zug ein paar wichtige

Gedanken dazu aussprechen. Vor allem geht es uns darum, dass wir nicht möglichst viele Kilometer Fahrrad fahren werden, sondern wir möchten entdecken. Wir möchten manchmal abseits der typischen Pfade unterwegs sein und dorthin gelangen, wohin wir zu Fuß in der gleichen Zeit wohl nicht kommen würden. Außerdem wollen wir die Flexibilität genießen, die uns ein Fahrrad und Bahnfahren ermöglicht, und je nach Lust und Laune unsere Wahl treffen. So machen wir uns auf den Weg nach Norden, von Österreich nach Polen.

Nach einer erholsamen Nacht auf Schiene sind wir in Warschau. Direkt am Bahnhof falten wir die Räder auseinander und kramen gleich nach den regenfesten Sachen. Das Wetter meint es nicht besonders gut mit uns und wir werden mit starken Regen und kühlen Wind in Polen begrüßt. Vom Bahnhof fahren wir in ein Studentenviertel und suchen uns ein Café zum Frühstücken und Ankommen. Der Regen lässt sich nicht einfach abschalten, also fahren wir irgendwann trotzdem einfach los und entdecken die zahlreichen grünen Parks von Warschau. Dabei fahren wir der Wolga entlang und durch verschiedene Stadtviertel. „Dank" des Regens und der unversiegelten Wege in den Parks sind die Räder und alle Taschen gleich am ersten Tag mit einer Schicht Sand und Schlamm überzogen. Zum Glück ist das Personal in der Warschauer Unterkunft entspannt und wir dürfen nachts die Räder sicher im Gebäude unterzustellen.

Am Ende des Tages merken wir, dass wir sofort voll im Reisen angekommen sind. Die Freude über die kleinen Dinge ist größer als sonst im Alltag. Das Essen wird aufmerksam gekostet und natürlich probieren wir gleich nach dem ersten Entdeckungstag Pierogi. Auch das geräumige Zimmer freut uns, schließlich haben wir so genügend Platz zum Trocknen aller Sachen.

Warschau ist mehr als nur die Zwischenstation am Weg nach Norden. Deutlich zeigt sich, dass es lohnend ist, hierher zurückzukommen. Vielleicht für einen längeren Trip durch Polen? Zeit für Ideen ist immer, trotzdem gilt es nun weiterzufahren. Die Reise geht weiter ins Baltikum, beginnend mit dem südlichsten Staat, Litauen. Ab Warschau verlässt man die digitale Komfortzone bei der Reiseorganisation. Der Nachtzug nach Polen konnte noch mit der heimischen, wohlbekannten Bahn gebucht werden. Von nun an lernen wir eine Realität kennen, die uns deutlich macht, dass grenzüberschreitender Bahnverkehr noch nicht in ganz Europa möglich ist. Ticketkauf und Reservierungen erfordern mitunter etwas mehr Recherche und Geduld als man es oft gewohnt ist. Durchgehend im Zug sitzen bleiben zu können ist ebenfalls von nun an nicht mehr möglich.

Aber zurück zum Weg nach Litauen. Je nach verfügbarer Zeit und Laune könnten wir das Land mit dem Rad oder auf dem Bahnweg erreichen. Wir entscheiden uns für den Zug, zweifeln aber auch ein paar Momente lang an dieser Entscheidung. Es fährt täglich nur einer auf dieser Strecke und benötigt außerdem verpflichtend eine Sitzplatzreservierung. Diese kann vorab nur auf der Website der polnischen Zuggesellschaft gebucht werden. Die Organisation dieser Website war definitiv eine Geduldsprobe und erforderte durchaus ein paar Tricks. Wie genau es schlussendlich funktioniert hat, wird uns wohl immer rätselhaft bleiben. Was bleibt, ist die Zuversicht, dass technische Systeme sich normalerweise über den Lauf der Zeit stetig bessern.

Die Zugfahrt hingegen ist sehr komfortabel und bringt uns weiter nördlich. Viele Wälder ziehen vorbei und wir beobachten, dass viel am Schienennetz gebaut wird. Hier entstehen wohl bald neue Schnellverbindungen in die baltischen Staaten.

Unser erster Halt im Baltikum ist die zweitgrößte Stadt Litauens, Kaunas, eine auflebende Stadt, die einige Entdeckungen bietet. Auf uns wirkt der Ort bei der Ankunft ruhig und recht entspannt. Gleich am Bahngleis bauen wir die Räder mit ein paar Handgriffen zusammen und geben die letzten Taschen wieder drauf. Nachdem wir den Bahnhof mit den Rädern verlassen haben, drehen wir eine kurze Orientierungsrunde, bevor wir die Unterkunft im Stadtteil Žaliakalnis ansteuern. Žaliakalnis liegt leicht erhöht über der Stadt, und zuerst wollten wir einfach eine der Zufahrtsstraßen mit den Falträdern hinauftreten. Bei unserer Orientierungsrunde sind wir aber zufällig auf die Talstation einer Standseilbahn mit der Aufschrift „Kauno Liftai" gestoßen. Neugierig inspizieren wir die alte Station. In diesem Nachmittag wirkt sie recht einsam, fast verwunschen mit den vielen Bäumen und Sträuchern rund herum und entlang der steilen Gleise. Zuerst sind wir unsicher, ob die Standseilbahn in Betrieb ist oder nicht doch ein stillgelegtes Relikt der Vergangenheit darstellt. Tatsächlich steht auch ein alter Wagen an der Talstation. Neugierig treten wir ohne Gepäck und Falträder ein und staunen über die hölzerne Innenverkleidung des Wagens. Da werden wir plötzlich von schließenden Türen überrascht. Zum Glück lässt sich die Abfahrt gerade noch abwenden und wir verlassen schnell wieder den Wagen. Offensichtlich ist hier alles funktionstüchtig. Gleich holen wir die Räder mit Gepäck, schieben diese in den Wagen und nehmen die mehr als 70 Jahre alte Standseilbahn bergwärts. Oben empfängt uns mit stoischer Ruhe ein älterer Herr, der die Anlage bedient und kassiert zwei Euro Fahrtgeld. Dies ist wahrscheinlich der einzige Ort auf dieser Reise, an dem Bargeld ein

Muss ist. Auf dem Aleksotas angekommen, wie der kleine Berg im Stadtteil Žaliakalnis genannt wird, fahren wir zu unserer Unterkunft und haben von dort einen schönen Blick über die gemächlich fließende Neris und das Umland. In Kaunas erkunden wir neben den schönen Wegen entlang der Flüsse Neris und Nemel auch das nahe Umland der Stadt. Durch die Falträder ist diese Tour ohne großen organisatorischen Aufwand leicht und unkompliziert möglich.

Beim Besuch des IX. Forts am Stadtrand, das Schauplatz stalinistischer Verfolgung und von Massenmorden während der Zeit des Nationalsozialismus war, werden wir recht nachdenklich. Bereits in Warschau haben wir einige eindrückliche geschichtliche Schauplätze erlebt und schon damit gerechnet, dass wir auch im Baltikum an einige Schauplätzen geschichtsträchtiger Ereignisse kommen. Als wir aber auf das 32 Meter hohe Mahnmal blicken, hinter dem sich dunkle Regenwolken zusammenziehen, ist die Vergangenheit dieses Ortes in einer Weise umrahmt, die uns nichts anderes als kalte Schauer über den Rücken laufen lässt. Das IX. Fort ist heute eine Gedenkstätte für die Opfer und sollte auf jeden Fall bei einem Aufenthalt in Kaunas besucht werden.

Wieder zurück in der Stadt beginnt die abendliche Suche nach Essen. Für diese Reise ist eine bunt durchmischte Versorgung geplant. Beim Camping haben wir vor, zu grillen oder zu kochen. Sollte man Unterkünfte mit Kochmöglichkeiten finden, werden wir die Option nutzen, uns selbst zu versorgen, und an vielen Orten werden wir auch neugierig lokale Gerichte und Gebäck direkt probieren. Wir lernen allerdings schnell, dass man sich von dem langen Tageslicht am Abend nicht täuschen lassen soll, wenn man essen gehen möchte. Im Baltikum schließen Restaurants oft schon gegen 22 Uhr und die Küchen durchaus noch früher. In Kaunas fällt uns gleich in bester Lage der Fußgängerzone ein georgisches Restaurant auf, von denen wir im Baltikum noch einige finden werden – das hatten wir zuvor nicht geahnt!

Regen und instabiles Wetter ist auch noch für die nächsten Tage vorhergesagt. So sind wir darüber glücklich, dass wir für die Weiterreise nach Vilnius den Zug nehmen können. Wir nehmen Abschied von Kaunas und kommen nach einer ausgiebigen Runde durch die Stadt und am Fluss zum Bahnhof. Wie nasse Hunde schütteln wir uns am Bahnsteig ab, falten unsere Räder und steigen in den Zug nach Vilnius. Nach nur anderthalb Stunden Fahrt kommen wir an und fahren zur Orientierung gleich gut eingepackt etwas durch die Stadt. Es gibt gerade nur leichten Regen, der später wohl stärker wird. Diese Zeit verbringen wir dann lieber indoor in einem der

Museen. Das ehemalige KGB-Gefängnis bietet eine gute Gelegenheit die Geschichte Litauens besser zu verstehen. Als beim Betreten des heutigen Museums im Eingangsbereich, den Treppen und vor den ehemaligen Büros fast ausschließlich Männer in Militäruniform zu sehen waren, die uns nasse Radfahrer noch dazu sehr neugierig und prüfend anschauen, gibt es schon einen kurzen Moment des Zweifels, ob da gerade eine Zeitreise stattgefunden hat. Am nächsten Tag zeigt sich Vilnius dennoch von einer trockeneren Seite und wir können nach dem Frühstück die Stadt weiterentdecken. Aber bald ist es für uns Zeit weiter nach Norden zu fahren, schließlich wollen wir auf dieser Reise den Polarkreis erreichen.

Es geht mit dem Zug von Vilnius bis an die Staatsgrenze zwischen Litauen und Lettland. Der litauische Zug endet in Turmantas, einem kleinen Ort mit weniger als 300 Einwohnern. Durchgehender Personenverkehr ist hier ein Lied vergangener Zeiten und gleichzeitig noch Zukunftsmusik. Die Gleise führen zwar nach Lettland weiter, aber aktuell sind auf dieser Strecke nur gelegentlich Güterzüge unterwegs. So werden wir mit dem Rad über die Grenze fahren und auf diesem Weg die nächste Stadt Daugavpils in Lettland erreichen. Die Ankunft am Bahnhof ist recht einsam, denn die meisten Passagiere sind bereits an früheren Stationen ausgestiegen - einige sicherlich auch, um eine Busverbindung ins nahe Weißrussland zu nehmen. In einer ungewöhnlichen Stimmung bauen wir die Räder in Turmantas um und machen uns für die Fahrt bereit. Es mäht jemand rund um den Bahnhof Gras, und man hört leises Hundegebell, wenn der Motor kurz verstummt. Die Sonne strahlt an diesem Frühlingstag und das Bahnhofsgebäude leuchtet frisch gestrichen in einem hellen Türkis. Noch bevor wir uns fertig gemacht haben, fährt der Zug, mit dem wir gekommen waren, wieder ab, wahrscheinlich zurück nach Vilnius. Wir verlassen auch bald die Einsamkeit dieses Grenzorts und folgen einem Schotterweg neben den Schienen.

Kurz nach dem Bahnhof tauchen die Grenzsteine auf - und wir sind auf lettischem Boden. Entlang der Bahnstrecke finden wir noch verfallende Gebäude aus einer Zeit, als diese Strecke Warschau und Sankt Petersburg miteinander verbunden hat. Bald führt der Weg von den Gleisen weg und wir fahren über die sanften Wiesen und kleine Wälder im südöstlichen Lettland. Wir begegnen nur wenigen anderen Fahrzeugen auf den Schotterwegen, die durch diese einsame Gegend führen. Auch auf der später asphaltierten Hauptstraße, die uns nach Daugavpils leitet, herrscht wenig Verkehr. Nach etwa 40 km erreichen wir die Stadt und einen großen Bahnhof. Das Ausmaß des Bahnhofs würde auf ein großes Drehkreuz schließen lassen, aber auch dies ist wohl ein Andenken aus vergangenen Zeiten. Der Zug bringt uns in wenigen Stunden nach Riga. Der Blick aus dem Fenster lässt uns aber immer wieder sehnsüchtig werden. Wäre es nicht schön, mit dem Fahrrad durch diese Natur mit vielen Wäldern und Feldern zu fahren, um dann Riga zu erreichen? Das bedeutet wohl ein Wiederkommen, vielleicht ausschließlich ins Baltikum. Die Sehnsucht ist die richtige Inspiration für zukünftige Touren - und der Zug bietet den richtigen Raum und Zeit für diese Art von Träumereien. Die Altstadt in Riga mit dem Fahrrad zu erkunden macht tatsächlich nur bedingt Spaß – ein mittelalterliches Kopfsteinpflaster ist zwar schön, verhindert aber eindeutig gutes Rollen. Dafür lassen sich aber andere Bezirke außerhalb der Altstadt inklusive der Inseln gut so entdecken.

Nach der Zeit in Riga, begeben wir uns nach Sigulda, einer hübschen Kleinstadt mit zahlreichen Burgen in und um die Stadt. Dort rollen wir im letzten Licht des Tages gegen 22 Uhr durch die Straßen und entdecken den Ort in angenehmer Ruhe. Die Burg und umliegende Parks strahlen in einem großartigen Licht. Leicht außerhalb des Stadtkerns kommen wir an der bekannten Bobrennbahn vorbei, und vor uns liegt tief eingeschnitten das Tal der Gauja mit den Wäldern des Nationalparks. Wir übernachten in Sigulda und freuen uns nach der Zeit in den Städten auf ein paar Tage am Fluss. Bereits die rund 40 km lange Tour nach Cesis, dem nächsten Ziel, ist durch viel Natur dominiert. Dort angekommen wechseln wir im Nationalpark Gauja vom Fahrrad auf ein Kajak und verbringen zwei Tage am Wasser. Train-Bikepacking macht es möglich. Es gibt aktuell keinen Stress, dass wir vorankommen müssen. Natürlich möchten wir den Polarkreis, den wir uns als großes Ziel benannt haben, wenn möglich erreichen. Aber auch dieses Ziel ist mit einer großen Flexibilität definiert.

Der simple Tagesablauf von Bikepacking hat etwas Großartiges. Man steht auf und packt zusammen, um bald weiterfahren zu können. Der Tag wird nach der Ankunft beendet mit Hunger stillen und zufrieden einschlafen. Zwischendurch werden oft nur andere Grundbedürfnisse gedeckt und so folgt der Tag einer wunderbaren Einfachheit. Man lernt auf solchen Touren viel über sich selbst, entdeckt Gegenden und schaltet ab. Da es aber manchmal essenziell ist voranzukommen, werden Halte möglicherweise reduziert und Umwege für Besuche von kulturellen Einrichtungen, Sehenswürdigkeiten, geschichtliche Besonderheiten nicht priorisiert. Schlechtes Wetter kann man schließlich nicht beeinflussen und so manche Buchungen will man auch nicht verfallen lassen. Auf dieser Reise mit dem Faltrad, oder wenn man so will beim Train-Bikepacking, wird das erleichtert: Der Extra-Weg und die Zusatzroute können leichtgenommen werden und so werden die Erlebnisse noch spezieller. Man kann flexibel und unabhängig entweder auf die Unterstützung durch öffentliche Verkehrsmittel zurückgreifen, oder aus eigener Kraft abseits der üblichen Pfade die kleinen und großen Besonderheiten entdecken.

An der Gauja steigen wir in unser Kajak und gleiten ruhig flussabwärts. Ich freue mich darüber, nun für zwei Tage hier im Nationalpark nur draußen in der Natur zu sein. Wir beobachten die Tiere im Wasser und versuchen unzählige Male, an Enten vorbeizukommen, ohne dass sie abheben und wegfliegen. Wir tun euch nichts! Immer wieder machen wir Halt am Flussufer und gehen auf Entdeckungstour, wie zur etwa 400 Jahre alten Eiche am Kvēpene. Der eindrucksvolle Baum ist ein wichtiges Naturdenkmal Lettlands und war das Vorbild einer Eiche, die auf den ehemaligen Geldscheinen gedruckt war. Auf einem abgebrochenen, großen Ast kann man gut unter der mächtigen Krone Halt machen und Besucher legen etwas Kleingeld auf einen alten Stumpf neben dem Stamm.

Im Urstromtal der Gauja sieht man sowohl vom Wasser aus als auch bei kleinen Touren in den Wald an vielen Stellen rotgelbe leuchtende Sandsteinfelsen aus dem Devon. Man findet viele Gelegenheit zum Picknicken oder Grillen. Am Wochenende nutzen dies gern einheimische Familien und Freunde zum Zusammenkommen. Weniger friedlich ist allerdings unser Zusammenleben mit den zahlreichen Mücken am Campingplatz und in den Flussauen. Um möglichst wenig von den Mücken gestochen zu werden, sitzen wir am Lagerfeuer und räuchern möglichst effektiv die kleinen Plagegeister weg.

Nach den Tagen am Wasser reißen wir uns los und denken wieder an unser Ziel im Norden.

Noch wirkt der Polarkreis fern, also schnell weiter nach Estland. Dafür nehmen wir einen Zug in den Grenzort zwischen Lettland und Estland. Auch hier fährt der Zug nicht nahtlos von einem Land ins nächste. Die lettische Bahngesellschaft beendet ihren Service am Bahnhof - und wir haben ein paar Stunden Aufenthalt, bis der nächste Zug der estnischen Bahn nach Tallinn abfährt.

Die ideale Zeit, um mit den Rädern herumzufahren und die Zwillingsstadt und Umgebung zu erkunden! Der ähnliche Name - Valka in Lettland und Valga in Estland - macht die Verbindung der Zwillingsstädte schon deutlich, vor allem wenn man daran denkt, wie stark sich die lettische und estnische Sprache sonst voneinander unterscheiden. Die Grenze zieht sich mitten durch und man kann sehen, dass sich viele Bewohner zwischen Valga und Valka bewegen. Erst seit dem Jahr 2007, als beide Staaten dem Schengen-Abkommen beigetreten sind, ist es möglich, die Grenze frei und ohne Kontrollen zu passieren. Und so müssen sich die beiden vielleicht zwölfjährigen Jungs, die von uns wegen ihres platten Fahrradreifens dringend eine Luftpumpe gebraucht haben, keine Gedanken machen, wo sie sich bewegen. Oft bin ich mir beim Herumfahren nicht sicher, ob ich jetzt in Estland oder Lettland bin.

In Tallinn kommen wir auch unserem Ziel, den Polarkreis zu erreichen, spürbar näher. Die Fähre nach Finnland wird gebucht und Nachtzüge in den Norden werden reserviert. Die Zeichen stehen also tatsächlich dafür, dass der Traum von dieser Tour umsetzbar wird. Sogar die Wetterprognosen sind optimistisch und so steigt die Vorfreude noch mehr. Tallinn hat bisher für die spontane Planung noch einen möglichen Rückkehrpunkt dargestellt. Der letzte Fixpunkt dieser Reise, der sich noch aus der Vorplanung ergeben hat, ist nur eine Nachtzugreservierung von Stockholm nach Hamburg. So können wir gegen Ende des Urlaubs rechtzeitig zurück nach Österreich kommen. Stockholm kann man auch direkt von Tallinn aus mit einer Fähre erreichen. Falls sich die Reise so entwickelt hätte, dass wir die Zeit ausschließlich im Baltikum verbringen, hätten wir diese Überfahrt genommen.

Das Thema Planung ist für diese Reise bewusst offengehalten. Ein Nachtzug am Anfang, ein Nachtzug am Ende geben den Rahmen vor. Dazwischen zwei Wochen Zeit, viele Ideen, die Möglichkeit mit dem Interrailpass Bahn zu fahren und ein Faltrad. Detailplanungen machen wir vor Ort, entweder unmittelbar am gleichen Tag oder in den Zugfahrten vorweg. Wir übernachten in spontan gebuchten Hotels oder Pensionen, können aber auch campen und dann gibt es natürlich noch die Nachtzüge. Bis zum Ende der gesamten Tour haben wir viermal die Nacht komfortabel im Zug verbracht. Nachdem die Weiterfahrt arrangiert ist, können wir Tallinn genießen. Die Altstadt entdecken wir aber tatsächlich lieber zu Fuß. Die groben Pflastersteine sind für die 20-Zoll-Reifen nicht der beste Untergrund, und die kompakten kleinen Gassen, sowie der Domberg, auf dem sich die Oberstadt befindet, sind auch mit einem Spaziergang bestens erreichbar. Besonders schön ist die beginnende Dämmerung nach dem Abendessen, die die Stadt in einem großartigen Licht leuchten lässt. Am Domberg gibt es einige Aussichtspunkte, die den Blick in die verschiedenen Himmelsrichtungen freigeben.

Den letzten ganzen Tag im Baltikum verbringen wir auf einer ausgiebigen Tour im Umland von Tallinn. Zuerst erreichen wir die Steilküsten, an denen unzählige Schwalben jagen. Mit Blick aufs Meer und auf die Randbezirke von Tallinn ziehen an einem luftigen Plätzchen die Vögel ihre Kreise. Im-

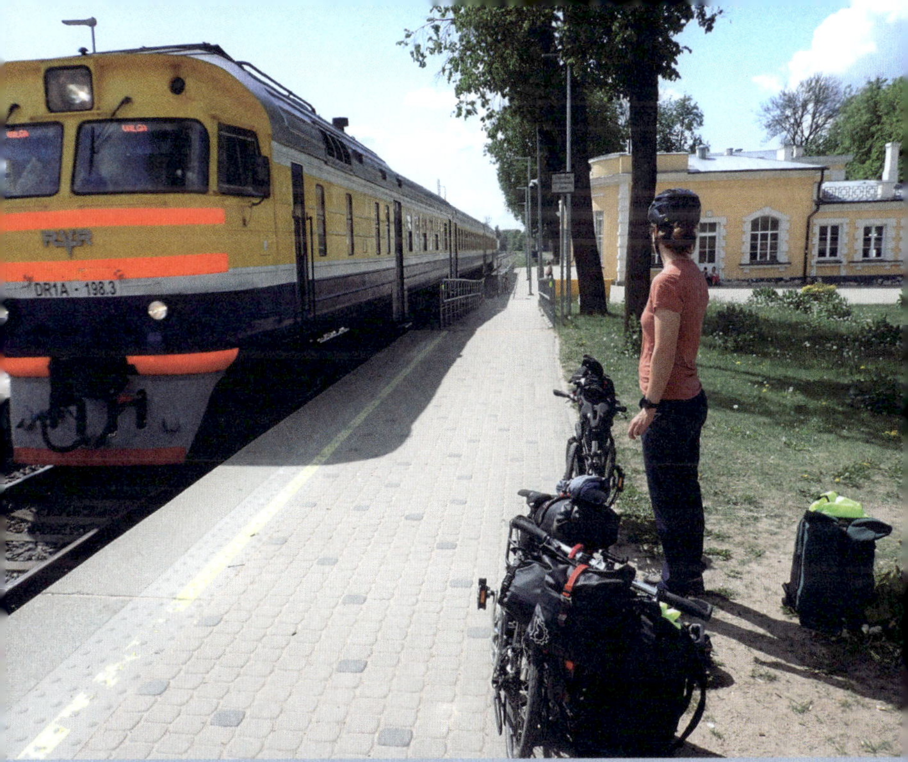
DR1A - 198.3

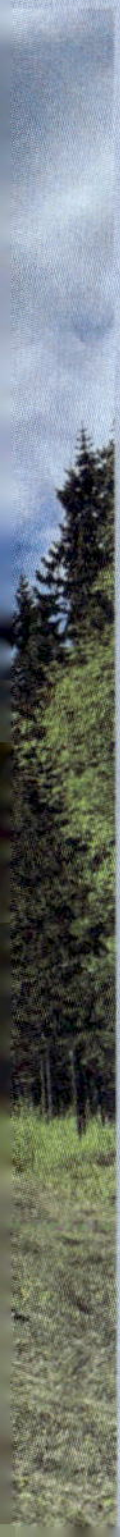

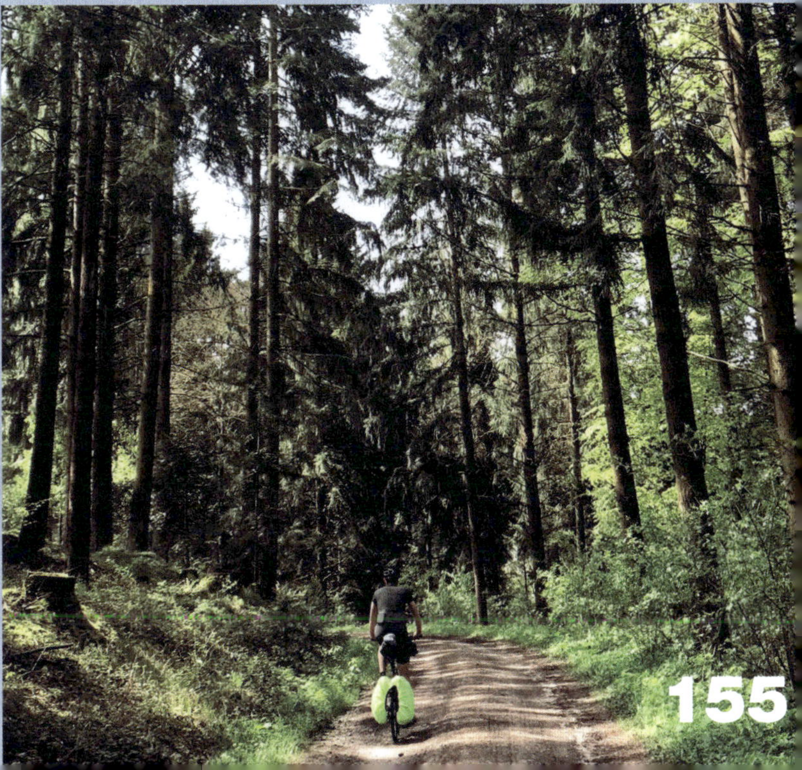

mer wieder geht es durch kleine Orte und Siedlungen, dann wieder durch Wälder entlang der Küste. Diese eigenen sich wunderbar, um zwischendurch etwas Pause am Strand zu machen und Sonne zu tanken. Natürlich lassen wir die Möglichkeit am Ende auch nicht aus, in der Ostsee zu baden. Die Eindrücke von diesem Tag sind vielfältig, geradezu wirr. Am Weg aus der Stadt sehen wir viele abgeschottete Siedlungen mit Eisentoren, hohen Zäunen und Verbotsschildern. So ist man öfters aufgrund der schicken Häuserreihen zu kleinen Umwegen gezwungen. Dann finden wir uns auf wunderschönen Waldwegen wieder, im Schatten von Nadelhölzern rollen wir entspannt dahin. Nahe der Küste tauchen Relikte der Vergangenheit auf – Bunkeranlagen aus dem ersten Weltkrieg, verlassene Schul- und andere Gebäude aus der Sowjetzeit. Herausgeputzte Parkanlagen beim Keila-Wasserfall erleben wir auch noch. Den vielfältigen Tag umrahmt die laue Luft am frühen Abend, während wir in Paldiski ankommen. Unser Ziel ist eine Küstenstadt, deren Stadtbild durch die Industrie und Militäranlangen während der Sowjetzeit geprägt wurde. Dort erreichen wir die S-Bahn und kehren für einen letzten Abend nach Tallinn zurück.

Am nächsten Tag verabschieden wir uns etwas wehmütig vom Baltikum und freuen uns auf ein Wiedersehen - unbedingt wieder mit einem Fahrrad! Nach nur zwei Stunden Überfahrt erreichen wir mit der Fähre Helsinki. Direkt nachdem wir die Fähre verlassen haben, falten wir die Räder mit nun schon sehr geübten Handgriffen rasch wieder in den Fahrzustand. Ohne auf ein Taxi, Bus oder andere Abholservices angewiesen zu sein, fahren wir frei los. Sofort fühlen wir uns auf den breiten Fahrradwegen von Helsinki wohl. In unserer Wahrnehmung sehr gut ausgeschildert, Baustellen perfekt umfahrend und noch dazu breit, schlängeln sich effiziente Wege durch die Stadt. Entspannt erreichen wir unser Hostel und ziehen alsbald wieder los, um an diesem sommerlichen Tag Helsinki großräumig zu erkunden. Unsere Tour führt uns durch den Keskuspuisto, dem Central Park Helsinki. Bei diesem schönen Wetter sind viele sportliche Bewohner:innen von Finnlands Hauptstadt hier unterwegs. Aber man kann hier nicht nur laufen und radfahren, sondern auch sehr gut picknicken. Eine wunderbare Aussicht haben wir am Paloheinä Peak, wo natürlich zuerst eine kleine Bergwertung mit den Falträdern stattfindet. Es ist erkennbar, dass hier im Winter viele Langlaufloipen gespurt werden. Die Tour führt in einem weiten Bogen zurück durch Espoo und die grünen Randbezirke von Helsinki. Ein Naturreservat in der Laajalahti Bucht ermöglicht zum Beispiel das Beobachten von Tieren und Pflanzen. Im flacher werdenden Licht ist die Landschaft in einer so schönen Stimmung, dass wir aus dem Staunen kaum mehr herauskommen.

Wir fahren über einige Inseln zurück auf Helsinkis Festland. Total fasziniert von diesem unerwartet schönen Sommertag genießen wir noch die laue Luft, während wir am Wasser sitzen.

Fahrrad fahren in Helsinki macht Spaß, denn man kommt nicht nur gut voran, sondern man hat auch den Eindruck, dass Rücksicht und Aufmerksamkeit anderen Verkehrsteilnehmern gegenüber Priorität haben. Die Rundhöcker, durch Gletscher geformtes Gestein, sind in Helsinki sehr häufig und bilden sowohl in Parks als auch den Straßen kleine Anstiege. Obwohl man in der Stadt ist, sieht man oft solch freiliegendes Gestein, und auch ungeschulte Augen können leicht Gletscherschrammen im Granit erkennen.

Bei unserer Erkundungstour durch die verschiedenen Stadtteile Helsinkis kommen wir auch an der Kirche von Kallio vorbei. Wir sind neugierig, wie dieses für uns ungewohnt aussehende graue Gebäude im Innenraum wohl aussieht. Wir ahnen nicht, dass es innen ganz und gar nicht dunkel, grau oder bedrückend sein wird. Als wir eintreten, sind gerade zwei Männer, wohl zwischen 35 und 45 Jahren alt, an der Orgel. Beide scherzen und lachen. Zwischen den Sätzen, die sie tauschen, spielt einer der beiden ein paar Töne. Das ist wohl eine kleine Orgel-Jamsession! Warum auch nicht? Die lockere Stimmung färbt auf uns ab und wir staunen in einem fröhlichen Grundton über die Bauweise und Gestaltung des Gebäudes. Als wir die Kirche wieder verlassen, kommt das nächste Staunen - aber erstmal nicht voller Freude: Die vor dem Portal abgestellten Räder liegen auf dem Kiesboden. Im gleichen Moment, als wir die umgefallenen Räder bemerken, kommt ein Gärtner der Parkanlage herangeeilt. Der erste Gedanke ist gleich

– jetzt gibt es sicher Ärger. Bestimmt hätten wir hier die Räder nicht abstellen dürfen. Wir rüsten uns innerlich schon, jeglichen Frust über Fahrradfahrer mit vielen Entschuldigungen schnellstens wieder auszubügeln. Aber der finnische Parkpfleger sagt uns tatsächlich nur, dass er während der Arbeit an der Hecke das Umfallen der Räder gehört hat. Wir sollen unbedingt wissen, dass sie niemand umgestoßen hat. Schnell sagen wir, dass es wahrscheinlich der Wind war und wirklich alles gut ist. Die Räder sind mittlerweile wieder aufgestellt, aber wir wundern uns noch über unsere eigenen Gedanken. Wie kommt es, dass wir fälschlicherweise vor allem einen Vorwurf erwartet haben? Dieser Moment ist einer von vielen, der mich dazu veranlasst, klar eine Empfehlung auszusprechen, mit dem Fahrrad nach Finnland zu kommen. Ich fühle mich hier nicht nur sehr wohl, sondern auch sicher und respektiert.

Nach weiteren Erkundungen ist es Zeit für den Nachtzug. Wir beziehen das komfortable Abteil im Santa Claus Express von Helsinki nach Rovaniemi in Lappland. Wahrscheinlich wird es in dieser Nacht nur wenig Dunkelheit geben, wenn wir so rasch in den Norden kommen. Vielleicht fragt man sich, wo wir die Falträder in den Nachtzügen unterbringen? Die Antwort ist recht simpel: in unserem eigenen Abteil im Schlafwagen. So lassen sich die logistischen Herausforderungen des Faltradtransports gut meistern. Zwar ist die eigene Bewegungsfreiheit durch die Räder im Abteil etwas eingeschränkt, aber bei kluger Platzierung kommt man noch ohne notwendiges Herumheben auf den Gang oder ins optionale eigene Bad. Zum Befestigen kommen klassisch ein paar Spanngurte zum Einsatz, damit beim Ruckeln oder Bremsen des Zuges nichts umfällt. Bei Fahren im Liegewagen ist die Gepäcksverwahrung etwas komplizierter und in jedem Land anders, da die Wagen unterschiedlich viel Platz außerhalb der Abteile bieten. In einem Abteil, das sich normalerweise sechs Reisende teilen, ist erfahrungsgemäß kein Platz für herumstehendes Gepäck, geschweige denn Fahrräder. Manche Falträder sind vielleicht dafür geeignet, sie so klein falten zu können, dass sie auch unter Sitzbänke gelegt werden können. Aber unser Faltradmodell ist dafür nicht gebaut. Für die spätere Strecke von Luleå nach Stockholm haben wir einen solchen Liegewagen genutzt. Glücklicherweise hat jener Zug sogenannte Skiställe am Gang, wo wir die Räder perfekt einstellen konnten. Nur mit viel Glück war dieser Platz aber noch nicht mit den großen Koffern von anderen Reisenden belegt.

Guten Morgen, wir sind in Rovaniemi. Bitte alle aussteigen, der Santa Claus Express ist angekommen. Es erwarten uns eine kühle Brise und 5 Grad. An sommerliche Temperaturen hatten wir uns in Helsinki sehr schnell gewöhnt. Dolce Vita im Norden, mit lange abends draußen Sitzen und Pizza am Wasser bei Sonnenuntergang war gestern. Wie fühlen sich 5 Grad nochmal an?

Egal. Sobald die Nasenspitze in den Wind gehalten wird, werden wir schon wissen, wie viele der Schichten es braucht oder auch nicht. Was sofort auffällt, was anders ist, ist das Licht. Es ist erst kurz vor acht Uhr morgens und die Sonne strahlt einfach etwas heller als sonst.

Wir genießen noch ein Frühstück in einer kleinen Konditorei, bevor wir losfahren. Dort gibt es einfachen, leckeren Filterkaffee ohne Extraspäße, wunderbaren Karottenkuchen und allerlei Kundschaft. Da werden schon um acht Uhr morgens viele Torten für das Wochenende abgeholt und auch Handwerker kommen noch kurz auf einen Kaffee rein, bevor es zur Baustelle geht. Wir rüsten uns auch für den Weg und fahren los.

Hier gibt es, solange man ortsnahe ist und mehrere Häuser entlang der Straße sind, fast immer eine breite Parallelspur zur Hauptstraße für Fußgänger, Radfahrer und – natürlich! - Schneemobile! Das freut uns und obwohl es auf der großen Straße auch recht ruhig ist, macht dies natürlich das Fahren noch schöner. Nur ein paar Kilometer außerhalb von Rovaniemi ist es dann so weit. Ein Blick auf die Koordinaten der Kompass-App am Handy liefert den Beweis: Hier ist der Polarkreis! Was für eine Freude, dass wir uns die nächsten Tage hier bewegen dürfen.

Unser Ziel für heute ist so weit wie möglich Richtung Nordwesten zu fahren und dabei den Norden möglichst ausgiebig zu genießen. Einfach einen wunderbaren Tag zu haben und ihn mit allen Sinnen wahrzunehmen. Wir fahren nach Nordwesten, weil wir den Tornionjoki erreichen wollen, den Fluss, der viele Kilometer lang die Grenze zwischen Finnland und Schweden bildet. Bis wir zum Tornionjoki kommen, sind es noch ziemlich genau 100 km. Deshalb machen wir etwa 20 km nach Rovaniemi noch einen kurzen Versorgungsstopp im Supermarkt, um für den restlichen Tag gerüstet zu sein.

Noch wissen wir nicht, wie weit wir tatsächlich fahren können, denn das wird auch das Wetter bestimmen. Zwar scheint aktuell die Sonne, aber wir wissen schon, dass sich hier in Lappland das Wetter schnell ändern kann. Wir kommen gut voran und gewöhnen uns an das scheinbar eintönige Geradeausfahren. In der ersten Stunde ertappt man sich manchmal bei dem Gedanken, dass doch alles recht ähnlich sei. Aber man merkt schnell, dass sich ständig die Landschaft leicht verändert, und bald tauchen die ersten Seen neben der Straße auf. Wir sind endgültig im Fahren angekommen und so werden wir innerlich ruhiger.

An diesem Tag, meist nördlich des Polarkreises auf dem Fahrrad, haben Wetter Apps und Regenradar nicht die gleiche Aussagekraft wie wir es sonst oft gewohnt sind. Der Blick zum Himmel und zu den Wolken ist dafür umso aussagekräftiger. Das veranlasst uns ein paar Mal nochmal Gas zu geben, um rechtzeitig vor einem kurzen Schauer einen Unterstand zu erreichen. So schnell wie sich ein paar Wolken für einen kurzen, aber heftigen Regenschauer zusammenfinden, zeigt sich aber auch wieder die Sonne. Am Morgen ist der Wind noch zurückhaltend und für wenige Kilometer gibt es sogar leichten Rückenwind. Aber bald dreht sich die Wegrichtung und so wird der Wind im Laufe des Tages nicht nur stärker, sondern entwickelt sich zum Gegenwind. Das verlangsamt unser Vorankommen auf den langen Geraden der ruhigen nordischen Straßen. Meditativ fährt man durch leicht hügeliges Gebiet, entlang von unzähligen Seen, wo wir manchmal kurz anhalten.

Es gibt einige Unterstände an den Seen, wo man sich gut kurz ausruhen und stärken kann. Das Faltrad fährt sich gut, aber dennoch machen sich die kleinen Reifen bemerkbar. So treten wir unaufhörlich vor uns hin, denn wir wollen ja zum Tornionjoki. Die Straßen führen uns nicht nur durchs Flache und Geradeaus. Es geht immer wieder leicht bergauf. Das ist anstrengend, vor allem durch den konstanten Wind von vorne. So manchen Anstieg, den wir uns erkämpft haben, genießen wir dann kurz - und bei der Abfahrt gilt es aber weiterhin aktiv zu bleiben. Es reicht zwar nicht, dass man wieder zurückrollt, aber die Schwerkraft allein schafft es nicht für eine gute Geschwindigkeit zu sorgen. Am Ende des Tages merken wir, dass diese vielen kleinen Anstiege über 1000 Höhenmeter ausgemacht haben. Es ist aber alle Mühe wert, wenn wir auf den kleinen Anhöhen über die grünen Baumspitzen blicken, die Spiegelungen in den Seen sehen und den neugierigen Rentieren begegnen, die tatsächlich stehen bleiben, um uns kurz ebenfalls zu beobachten. Nach ungefähr 100 km Fahrt erreichen wir Pello und damit auch den Tornionjoki. Der Fluss ist hier breit und eher gemächlich.

An diesem Gabelpunkt müssen wir uns entscheiden. Können wir noch weiter nördlich nach Kiruna oder Gällivare in Schweden fahren? Dies würde bedeuten, dass in kurzer Zeit noch mehr als 250 km zu schaffen. Auch in dieser Richtung gibt es zahlreiche Anstiege. Die andere Option ist, sich hier nach Süden zu wenden, um an der Mündung des Tornionjoki in den Bottnischen Meerbusen wieder eine Zuganbindung zu haben. Dort liegt die finnische Stadt Tornio mit der Schwesterstadt Harparanda in Schweden, von wo aus es wieder Zugverkehr gibt.

Die Entscheidung fällt schwer, denn schließlich möchten wir so viel Zeit wie möglich hier verbringen und entdecken. Aber schlussendlich ist klar, dass wir entlang des Tornionjoki nach Tornio fahren werden. Ausschlaggebend ist für uns die instabiler werdende Wetterlage in den kommenden Tagen. Es gibt nur mehr ein kurzes Zeitfenster, in dem eine Tour weiter in den Norden vertretbar wäre. Dies ist zu kurz und bedeutet ein unnötiges Risiko. Schlechtes Wetter bedeutet hier nördlich des Polarkreises nach dem Umschwung in ein paar Tagen nicht nur Regen und Wind, sondern auch Schneefall oder Graupelschauer.

So neigt sich der Tag langsam dem Ende zu. Es wird zwar noch lange nicht dunkel, aber es ist dennoch Zeit einen Erholungsort zu finden. Wir fahren noch weiter direkt neben dem Tornionjoki und sind fasziniert von der Wandelbarkeit dieses Flusses. Oft ist er voller Stromschnellen und wirkt sehr reißend. Bald darauf beruhigt sich das Wasser wieder. Auf der anderen Seite des Flusses blicken wir nach Schweden. Was ist das Schönste nach 140 km auf dem Faltrad bei Gegenwind? Darauf gibt es viele Antworten. Im hohen Norden Finnlands lautet die Antwort eindeutig: Sauna!

Unsere Unterkunft an diesem Abend ist ein Apartment auf einem Hof direkt an den Ufern des Tornionjoki. Es bietet uns diesen unbezahlbaren Luxus der Sauna, der für Finnen ganz natürlich dazugehört. Das alte Wohnhaus des Hofes, in dem unser gemütliches Apartment ist, wird gerade renoviert. Tagsüber staubt und hämmert es sicherlich, aber nachts hören wir nur das Rauschen des Windes und das Plätschern des Wassers. Obwohl die Baustelle im Haus noch in vollem Gange ist, kann man die Sauna schon wunderbar benützen. Welch ein Genuss!

So starren wir ins knisternde Feuer, während sich die Sauna erwärmt, und freuen uns schon aufs Schwitzen. Der Tornionjoki kühlt uns wieder ab. Wir springen kurz in den Fluss, der hier neben dem Hof glücklicherweise seine ganz sanfte Seite zeigt. Die Sonne ist spät nachts zwar untergegangen, aber von Dunkelheit können wir keineswegs sprechen. Der Himmel über dem Fluss ist bunt gefärbt und man könnte behaupten, dass dies die Polarlichter des Sommers sind. Der Tag fängt gleich wieder an, obwohl wir noch nicht geschlafen haben. Man könnte sich fragen: Sollen wir gleich wieder die Räder packen und weiterfahren? Tatsächlich denke ich aber doch eher an etwas Schlaf und freue mich schon aufs Aufstehen am nächsten Tag.

Die Fahrt geht weiter durch das Tornedalen, wie das Tal des Tornionjoki genannt wird. Tatsächlich hat der Fluss aber viele Namen, wie zum Beispiel auch Torneälv auf Schwedisch. Das ist auch nicht allzu verwunderlich, denn wir befinden uns hier in einem mehrsprachigen Gebiet. Hier gibt es

Schwedisch, Finnisch, Nordsamisch und Meänkielie. Letzteres heißt auch Tornedalfinnisch - dieser hier gesprochene finnische Dialekt hat sich durch die Abgeschiedenenheit der Region entwickelt. Mal reißend, mal ruhig bildet der Fluss im Sommer eine scheinbar unüberwindbare Grenze zwischen Finnland und Schweden. Wenige Brücken gehen über das Wasser und verbinden die beiden Länder direkt miteinander. Tatsächlich ist der Fluss aber im Winter an vielen Stellen zugefroren und kann leichter passiert werden.

Wir kommen auf der Strecke gut voran und verlassen die Hauptstraße für kleinere Nebenstraßen durch die Gemeinden, wenn sich die Gelegenheit bietet. So fahren wir oft sehr nah am Wasser und können die Fahrt sehr genießen. Wir bemerken, dass der Winter noch nicht lange zurückliegt. Oft steht das Wasser auf den Feldern neben den Straßen noch hoch, sodass sich die Wiesen aktuell in Seen verwandelt haben. Es wird noch dauern, bis das Schmelzwasser des Winters versickert oder abgeflossen ist. Die kleinen Straßen wirken wie Dämme zwischen den Wiesenseen. Rundherum stehen leicht erhöht bunte Häuser und wir halten gerne an, um Bilder zu machen. Im Wasser platscht es immer wieder von den hochspringenden Fischen.

Manchmal kommt das Wasser der Straße allerdings sehr nah und wir fragen uns, wie häufig es zu Überschwemmungen kommt. Auf der kleinen Straße vor uns sehen wir tatsächlich bald einen kleinen hölzernen Absperrbalken, der halb auf die Straße ragt. Man kommt aber dennoch gut durch. Da wir auch schon Gegenverkehr hatten, zögern wir nicht länger und fahren weiter. Nach mehreren Kilometern auf dieser Nebenstraße ist es tatsächlich so weit. Die Straße ist komplett landunter. Kommen wir auf den Falträdern durch? Müssen wir die Hosenbeine hochkrempeln? Oder gar umdrehen? Wahrscheinlich ist dieses Wegstück das einzige an diesem Tag ohne Gegenwind. Aber keine Sorge, es ist nicht windstill, sondern der Wind kommt natürlich von der Seite, um noch etwas mehr Spannung hinzuzufügen. Nach einer vorsichtigen Erkundung der Situation wagen wir die Durchfahrt und hoffen darauf, dass das Wasser tatsächlich nicht so tief ist. Zum Glück liegen wir richtig und können unsere Fahrt trocken fortsetzen.

Am Weg nach Süden kommen wir noch an einigen schönen Orten vorbei. Wir sind besonders von den Stromschnellen fasziniert und beobachten lange das Wasser von den Fischerhütten aus. Dort können wir uns windgeschützt durch die Sonne aufwärmen lassen. Denn der Gegenwind wird im Laufe des Tages immer stärker, und so fahren wir eng hintereinander weiter Richtung Tornio.

Nicht mehr weit von Tornio entfernt, halten wir nochmal am Fluss auf der Höhe von Kukkola. Dort staunen wir über die alten Fischerhütten mit den

Feuerstellen und die Fangstege am Ufer. Bald beginnt sich der Tornionjoki in verschiedene Arme aufzuteilen, die ebenfalls bald in die nördliche Ostsee münden. Am Weg hierher habe ich mir öfter gedacht: Schade, jetzt schon. Gerne würde ich noch länger hier im Norden fahren. Aber es kündigt sich ohnehin die nächste Schlechtwetterfront an. Im Graupelsturm oder bei Schneefall wollen wir nicht unbedingt auf den Rädern sitzen. So wird es etwas leichter sich von Lappland zu verabschieden.

Nach über 100 km Fahrt erreichen wir die Stadt Tornio an der Hauptmündung des Flusses. Dort liegt auf der schwedischen Seite Haparanda. Die Zwillingsstädte trennt nicht nur der mächtige Fluss, sondern auch eine Zeitzone. Glücklich lassen wir beim Abendessen die zurückgelegte Strecke in Lappland Revue passieren und wünschen uns gerne mehr davon. Aber kann man bitte irgendetwas gegen diesen Wind unternehmen? In Tornio zu sein fühlt sich wahrscheinlich wegen der Infrastruktur schon wieder so an als seien wir weit im Süden. Ein Blick auf die Karte holt uns wieder auf den Boden der Tatsachen zurück. Wir befinden uns so weit nördlich, wie wir es vor ein paar Wochen noch nicht für möglich gehalten hätten. Vor allem mit dem Faltrad! Ich bin glücklich darüber, was wir geschafft haben und erkenne, dass ich schon einiges an Vertrauen und Mut gebraucht habe, all dies für möglich zu halten. Wir sind in der kurzen Zeit von weniger als zwei Wochen weit in den Norden Europas gekommen und haben dabei ganz entspannt viele Orte erkundet. Tatsächlich hat sich das Faltrad für diese Reise als ideal bewiesen. So war es möglich, unabhängig und absolut flexibel zu sein. Wenn wir uns viel bewegen wollten, sind wir mehr Fahrrad gefahren, statt den Zug zu nehmen. War das Wetter instabil mit der Vorhersage von 10 000 mm Regen pro Quadratmeter oder mehr, dann war der Zug das Transportmittel erster Wahl. Auf dem Faltrad sind wir außerdem verlässlich vorangekommen und das nicht nur auf Asphalt. Zwar hatten wir sicherlich nicht die gleiche Durchschnittsgeschwindigkeit wie auf einem Rad mit einer größeren Bereifung, aber auch andere Erwartungen. Und Erwartungen können immer wieder übertroffen werden. Die Tagesetappe von ungefähr 140 km bei Gegenwind sagt doch schon alles.

In gewisser Weise, denke ich, hat das Faltrad auf dieser Reise einen Mietwagen ersetzt. Nur dass es unmöglich ist, in so vielen Ländern und Städten so schnell einen zu organisieren. Tatsächlich haben wir uns bei der Ankunft in einer neuen Stadt bald sehr heimisch gefühlt. Dadurch, dass wir mit dem eigenen Rad direkt vom Bahnhof losstarten, fühlt man sich fast ins Alltagspendeln versetzt.

Am nächsten Tag ist die Schlechtwetterfront hier in Tornio angekommen und es regnet intensiv über mehrere Stunden. Wir packen unser Gepäck trotzdem auf die Räder, denn wir müssen nun, wie schon öfter auf dieser Reise, die Grenze mit dem Fahrrad passieren. Der Zug, der uns nach Süden bringen wird, fährt von Haparanda los. Somit müssen wir auf die schwedische Seite dieser Zwillingsstadt fahren. Hier ist es ratsam die Uhrzeit genau im Blick zu haben, da in den beiden Ländern unterschiedliche Zeitzonen gelten. Aufgrund eines solchen Versehens könnte man schon einen Zug verpassen. Es gibt zwar Gleise, die Haparanda und Tornio verbinden, diese werden aber nur für den Güterverkehr genutzt, denn der Personenverkehr ist seit 1988 eingestellt. Das kommt uns von dieser Tour schon bekannt vor, oder? Wie sehr schätzen wir nun die vielen Züge, die in Österreich und vielen anderen Ländern an den Grenzen weiterfahren. Oft merken wir ja im grenznahen Alltag nicht, wenn wir in ein anderes Land bewegt werden. Kurz vor dem Bahnhof Haparanda sehen wir die Eisenbahnbrücke über den Tornionjoki und nehmen nochmal Abschied von diesem beeindruckenden, Strom Nordeuropas. Die Gleise fallen uns auch wegen einer Besonderheit auf: Hier wurde ein Mehrschienengleis verlegt, denn an dieser Grenze kommen auch Normalspur und finnische Breitspur zusammen.

Das Bahnhofsgebäude in Haparanda hat eine lange Geschichte, und heute ist hier auch ein Museum. Staunend schieben wir unsere Räder auf den Bahnsteig und falten sie dort routiniert ins Handgepäckformat. Nun geht unsere Reise noch schneller als am Vortag nach Süden. In Luleå verbringen wir noch einige Stunden bei einem Zwischenhalt. Hier können wir uns auf das letzte Land dieser Reise einstimmen: Schweden, denn nun fahren wir mit dem Nachtzug nach Stockholm. Langsam stellt sich das Gefühl ein, dass wir auf der Heimreise sind. Davor können wir aber noch einen ganzen Tag in Stockholm verbringen. Mit den Rädern sind wir schnell unterwegs und können die Stadt an diesem schönen Frühlingstag gut erkunden. Wir starten nach dem Frühstück in einem kleinen Café mit einer Runde durch verschiedene Stadtteile. Natürlich wollen wir auch die Aussicht über die Stadt genießen und fahren deshalb auf den Hammarbybacken, das Stockholmer Skigebiet. In der Altstadt sind wir dann lieber wieder zu Fuß unterwegs. Priorität an diesem letzten Tag in Skandinavien ist nochmal das bewusste Aufnehmen und Genießen unserer unmittelbaren Umgebung und das Konservieren des Urlaubsgefühls.

Mit einigen Zimtschnecken im Gepäck sind wir aber auch schon bereit für den letzten Nachtzug der Reise nach Hamburg im Snälltåget. So heißt der Zug von Stockholm nach Berlin über Hamburg. Auch hier finden unsere

Falträder einen sicheren Platz im Gepäcksbereich. Als sich die Abfahrt verzögert, sind wir nicht besonders traurig oder gestresst. Die Weiterfahrt von Hamburg nach Innsbruck über München für den nächsten Tag ist flexibel und so können wir noch etwas länger die nordische Sonne genießen. Am nächsten Morgen in Hamburg haben wir trotz oder gerade wegen der Verspätung über eine Stunde Zeit, bevor wir einen Zug weiter nach München nehmen. Für ein gemütliches Frühstück außerhalb des Bahnhofs verwenden wir wieder die Räder und können so noch wunderbar den Tag beginnen, der als einziger dieser Tour primär den Zweck der Weiterfahrt hat. Wir durchqueren heute Deutschland von Hamburg nach München und wollen auch gleich nach Innsbruck weiterfahren. Das bedeutet etwa neun Stunden Fahrt am Stück, für die wir uns aber bewusst entschieden haben. Bei mehr Zeit oder anders gesetzten Prioritäten hätte man auch diese Etappe noch mit Stopps versehen können. Dabei hätten wir bestimmt Bekannte treffen können oder einfach das Faltrad durch die nächste Stadt rollen lassen. Ich finde diese Möglichkeiten und Optionen schön und finde es großartig, wie gut sich auch weite Strecken auf Schienen zurücklegen lassen. Wir haben von Stockholm nach Innsbruck ungefähr 24 Stunden benötigt, aber diese Zeit war gut und entspannt. Ich habe mich in den Zügen von den Anstrengungen der Tage davor erholt und konnte viele Gedanken, Eindrücke und Erlebnisse der Zeit in angenehmer Art und Weise verarbeiten.

So manche Hin- oder Rückreise in der Vergangenheit hat ähnlich lange gedauert, aber da habe ich auch oft viel Zeit in Flugzeugen oder in Flughäfen verbracht. Ehrlicherweise muss ich sagen, dass ich diese Tage oft anstrengender empfunden habe - und vor allem als Transfer. Dies ist für mich bei Nachtzügen oder längeren Tagesreisen mit dem Zug nicht unbedingt der Fall. Da nehme ich den Tag mehr wahr, aber das ist mein ganz individuelles, persönliches Erleben.

Schlussendlich sind wir insgesamt etwa 600 Kilometer mit den Rädern gefahren, haben fünf Hauptstädte besucht und waren ungefähr 87 Stunden im Zug, davon vier Nächte schlafend.

Mit einer großen Portion Realismus sage ich aber, es ist nicht immer möglich, eine Reise mit dem Zug zu machen. Aber ich habe für mich gelernt, es ist oft leichter als gedacht. Mit ein paar Anpassungen von Organisation und Erwartungen kann diese Art des Reisens zu einem angenehmen, überraschenden Erlebnis werden, wo der Weg wahrlich Teil des Ziels ist. Wenn wir Zug fahren, sind wir Teil des Alltags. Dort sehen wir, wie Schüler nach der Schule nach Hause in den kleinen Ort etwas entfernt von der Stadt fahren. Wir treffen Pendler und beobachten alte Frauen und Männer, die mit Kuchen und Blumen zum Sonntagsbesuch fahren.

Am Ende der Reise mit dem Faltrad überlegen wir, was wäre noch schön gewesen? Mehr Zeit! Ja, das ist keine Überraschung. Aber trotzdem kann man auch mit nur zwei Wochen Urlaub mit dem Fahrrad zum Polarkreis - und dabei noch vieles mehr entdecken. Bestimmt gibt es eine Rückkehr in die Regionen dieser Tour. Denn wir sehen es genauso wie der finnische Freund, mit dem ich kurz vor Innsbruck ein paar Nachrichten austausche. Er antwortet auf meine Erzählungen einfach mit „The North is something else". Ja, der Norden ist wirklich etwas ganz Besonderes.

**100+**    Stunden in Bewegung

**1750**    Kilometer

**30 000**    Höhenmeter

# PANORAMA, PÄSSE, GLETSCHER & MEHR

Träume verwirklichen auf dem Gravelbike zwischen Bodensee und Mittelmeer

# VON DEN ALPEN ZUM MEER UND ZURÜCK

**BERNHARD ELSNER**

Seit jeher fasziniert unterwegs in den Bergen, wurde Bernhard spätestens mit dem Umzug nach Innsbruck vor zehn Jahren zu einem echten Allrounder im Alpinsport. Als er dann 2020 das Gravelbike für sich entdeckte, musste es gleich am Singletrail über den Dächern der Stadt ausprobiert werden. Dabei hatte er schon viel mehr im Blick: Eine Transalp über Gletscher der Westalpen bis hin zum französischen Mittelmeer.

Puh, immer noch nicht der Sattel in Sicht – noch eine Kurve um den nächsten Bergrücken herum und ich sah weiterhin nur die Straße sich weiter, immer weiter den Hang hinaufwinden. Eine Straße, die seit der letzten Alm schon nicht mehr unbedingt diesen Namen verdiente, so viel Geröll hatte sich teilweise in den Fahrrillen schon gesammelt. Kein Wunder, die Strada dell'Assietta, eine alte Militärstraße, die sich über einige hochalpine 2000er Pässe schlängelt, ist besonders schutzlos jeglicher Witterung ausgesetzt. Gefühlt wurden die Steine vor dem Vorderrad mit jedem Höhenmeter immer noch größer. Ganze Felsbrocken galt es im Slalom zu umfahren, was mein Fahrtempo natürlich nicht erhöhte. Und ich wollte doch noch den Sonnenuntergang auf dem Sattel sehen! Ich sah auf meinen Tacho und kam einfach nicht über 6-7 km/h. Der Wert daneben, in „bpm" gemessen, zeigte mir hingegen, was mir mein Körper schon ein paar Minuten sagen wollte: 185 – einhundertfünfundachtzig Herzschläge pro Minute, das ist am Limit und jetzt bald zu viel! Ich hob vernünftig den Blick wieder über den Tacho nach oben und atmete etwas durch. Eine Schafherde tauchte bald direkt vor mir auf. Die entspannten Wolltiere mitten auf der Straße zeigten mit ihrer Gelassenheit und Genügsamkeit, dass es wohl auch einen Sinn ohne Sonnenuntergang gibt. Ich schaltete noch einmal ein paar Gänge herunter und ließ mich nicht mehr hetzen, der Sonne noch „Auf Wiedersehen" sagen zu müssen.

Ich realisierte, dass es natürlich ein sehr schöner Moment, ein passendes Ziel für diesen langen Anstieg gewesen wäre, aber dass es auch genauso großartig sein kann, was ich einfach gerade jetzt erlebte: in der Einsamkeit sich auf über 2000 Metern langsam eine alte Straße hocharbeiten zu können – einfach nur voller Neugierde darauf, wie es dann auf der anderen Seite dieses Kammes aussehen würde. Und meine Erinnerungen jetzt zwei Jahre später bestätigen das: Ich kann nicht mehr sagen, ob die Sonne tatsächlich schon untergegangen war. Es war einfach unfassbar schön, mit jedem Treten immer etwas mehr hinter die zuerst so mächtige dunkle Wand des Kammes blicken zu können und dann plötzlich am Pass zu stehen und den Horizont sich in einer unbegreiflichen Vielfalt und Weite erstrecken zu sehen. Unten im Tal schwarz, dunkelgrau, weiter oben Bergkette um Bergkette in allen möglichen Blautönen – ein beeindruckender Fernblick mit schroffen und zum Teil noch weiß schimmernden Gletscherbergen, aber auch sanft anmutende Bergkuppen machten sich auf, verziert von den kräftigen gelb-orange-rot-lila Farbtönen des Himmels an diesem Sommerabend.

Im Gehirn ist diese 5-Sterne-Bewertung meines neunten Tagesz1els sehr präsent abgespeichert – sicher auch deswegen, weil ich diese Strada dell'Assietta mit ihren über 30 Kilometern und einigen 2000er- Pässen schon lange im Auge hatte. Über die sanften Bergrücken immer recht gut die Höhe haltend, im Vorbeifahren die fabelhaften Aussichtsbalkone in die südlichen Westalpen mit den hohen Bergen der Dauphine und den Weitblicken in die Turiner Voralpen genießend – diese Panoramastraße trägt sogar eine Mitschuld daran, dass ich mir ein gutes Jahr zuvor überhaupt ein Gravelbike zugelegt habe. Schließlich ist diese alte Schotterpiste mit dem Rennrad nicht mehr wirklich befahrbar, und über den legendären Colle delle Finestre erst dorthin zu kommen, wäre mit einem Mountainbike auch kein Genuss. Natürlich war mit diesem Ziel auch gleich die Planung

einer richtig großen Tour in die Westalpen verknüpft. Denn nur vom Talort Susa hier hinauf – das wäre mit dieser weiten Anreise auch nicht passend gewesen. Und schließlich hatte ich auch ein paar andere Langzeit-Radl-Träume – wie die Gletscherbefahrung am Fuße des Matterhorns oder die anspruchsvollen, aber lohnenden Strecken am mächtigen Mont-Blanc-Massiv, die sich hier gut kombinieren lassen könnten. Über Monate hinweg nahm die Routenfindung aus den heimischen Ostalpen hierher als Etappenziel und weiter ans Mittelmeer immer mehr Gestalt an und konkretisierte sich schließlich durch die Möglichkeit, bei einem Buchprojekt vom KOMPASS-Karten-Verlag mitzuwirken und eine Mehrtages-Radtour für das neu erscheinende Buch „Endlich Fahrtwind TRANSALP" zu erstellen. Bregenizza – das war schließlich der neu geschaffene klingende Name für die selbst zusammengestellte Tour in

zwölf Etappen von Bregenz nach Nizza, die es dann vor Ort mit dem Fahrrad nachzufahren, zu überprüfen und anschließend zu beschreiben galt.

So stand ich also jetzt auf diesem Pass Colle dell'Assietta und blickte nicht nur in eine bezaubernde weite Landschaft, sondern auch auf den Beginn meiner Transalp-Gedanken. Ab hier weist die alte Militärstraße in Richtung Sestriere genau diesen Höhenstraßen-Charakter auf, den ich mir in meinen Träumen und beim Kartenstudium so schön ausgemalt hatte. Der meiste Anstieg war geschafft, jetzt kam der Genuss. Vielleicht mit ein paar Abstechern auf die Gipfel rechts und links der Pässe – aber das werde ich morgen sehen. Jetzt galt es erst einmal einen ruhigen Schlafplatz zu finden, am besten mit Panoramablick. Dafür kam in erster Linie natürlich der nächste Gipfel in Frage. Fasziniert von der Weite und dem langsam immer mehr mit dem dunklen Himmel verschmelzenden Bergketten-Zick-

zack war mir der Wind egal und ich beschloss, direkt vor dem Gipfelkreuz auf der eingeebneten Fläche Isomatte und Schlafsack auszupacken. Mit Blick auf den südlichsten 4000er der Alpen, auf dem ich ein paar Jahre zuvor schon war, gab es noch ein bisschen Kalorien-Nachschub und schon wurden die Augen immer müder.

Innerlich sagte ich gerade „Gute Nacht, Barré des Ecrins", da hörte ich lautes Bellen. Und schon war ich wieder hellwach, weit entfernt von irgendwelchen Träumereien. Es ist auf 2500 Metern fernab der Talorte doch eben auch Wildnis. Beruhigend strahlten zwar ein paar Lichter aus dem Tal ein bisschen Zivilisation aus, aber die aggressiv wirkenden Hunde waren eindeutig näher. Mittlerweile war es so dunkel, dass ich selbst die weißesten Schäferhunde nicht mehr erkannt hätte, also versuchte ich vor allem mit den Ohren zu wachen und vielleicht so zu erahnen, wie weit entfernt die Vierbeiner unterwegs waren. Näherten sie sich schnell oder entfernten sie sich sogar eher und beschützten nur die Schafsherde, die ich vorhin noch besucht hatte? Hütehunde hatte ich vorhin zwar nicht gesehen, aber mein Blick war vielleicht auch vor lauter Anstrengung zu eingeschränkt. Ich wollte glauben, dass die Hunde zu einer sich immer weiter entfernenden Herde gehörten und nicht in der Nähe meines Schlafplatzes weiter herumstreunen wollten. Schließlich ist ja jetzt auch Nacht – aber warum bellten die Hunde dann immer wieder? Welche Eindringlinge mussten abgehalten werden? Galt das Bellen sogar mir? Entweder die tierischen Rufe wurden bald wirklich immer weniger oder die Müdigkeit nach diesem langen, heißen Anstieg heute hatte mich trotz der angespannten Lage übermannt. Ich schlief ein – ganz allein am Gipfelkreuz der Testa dell'Assietta. Doch plötzlich schrak ich hoch: was ist passiert? Es war kein Geräusch, das mich aufgeweckt hatte, es war plötzlich kalt um mich herum: meine Unterlage, meine sonst mich immer wärmende Isomatte hatte keine Luft mehr und der Wind nahm spürbar zu. Benommen ließ ich mich von der Matte fallen und blies sie wieder auf – in der Hoffnung, dass ich unbewusst das Ventil in der Nacht geöffnet hatte. Ich zog zwei Tücher um Hals und Kopf und versteckte mich hinter meinem Rucksack, so dass der Kopf dem Wind nicht mehr zu sehr ausgesetzt war. So wurde mir schnell wieder wärmer und ich versuchte, wieder einzuschlafen. Nicht dass doch irgendwo der böse Wolf herumschleicht und mir andauernd die Luft aus meiner Isomatte lässt! So etwas brauche ich nicht real, das passiert höchstens in meinen Alptraum! Aber auch der kam nicht mehr, und so weckten mich tatsächlich die ersten Sonnenstrahlen von der anderen Seite des Gipfelkreuzes. Wahnsinn, dieser natürliche Wecker – die Sonne am Horizont kletterte immer höher. Es war wieder windstill und bald schon hielt ich es im Schlafsack nicht mehr aus. Ich packte meine sieben Sachen zusammen – fertig zum Genussfahren, den lang schon gehegten Wunsch erfüllen. Noch unberührt im Morgenlicht lag die Panorama-Höhenstraße vor mir und schlängelte sich Richtung Westen. In diesem Blick gefangen, nahm ich mir noch etwas Zeit und stärkte mich mit ein paar Leckereien vom Bäcker gestern in Susa – und ich erinnerte mich dabei zurück an die letzten Tage: Das ist jetzt schon ein anderer Charakter, wieder ganz alleine unterwegs zu sein. Die vergangene Nacht hatte mir das gleich deutlich gemacht: Alleine musste ich mein eigener Wachhund sein und total aufmerksam die Sinne schärfen. Die Nächte davor verbrachte ich auch großteils draußen, doch waren mir die Geräusche eher egal. Nicht jedes noch so kleine Geräusch musste erst analysiert werden. Wir waren zu zweit unterwegs, und so hatte jeder seinen Aufpasser neben sich.

Johanna, die ich erst kurz zuvor kennengelernt hatte, stieß mitten im Wallis zu mir – und hatte eine wertvolle Fracht für mich dabei: meinen ganz neuen, noch in der Heimat erstandenen Schlafsack. Eine komplizierte Geschichte, die hier dahintersteckt und selbst ein kleines Buch füllen könnte – mit den großen Hauptakteuren des Schweizer Zolls in Genf, die meinen schon lange bestellten Ultra-Light-Schlafsack nicht an die aufgrund von Lieferverzögerungen ersatzweise angegebene Adresse meiner Unterkunft nach der dritten Etappe schicken wollten. Kurz gesagt: Johannas Schlafsack-Lieferung war die Rettung in letzter Sekunde, damit die Transalp nach wenigen Tagen dann doch noch den Charakter einer richtigen Bikepacking-Tour bekam – mit Schlafen unter freiem Himmel, mit allem, was dazugehört.

Die Etappen zuvor hatten damit nochmals einen ganz anderen Charakter gehabt. Zwar war ich wie nun auf der Panoramastraße ganz allein, aber ich war gezwungen, in der Nacht immer ein festes Dach über dem Kopf zu haben, was mir natürlich ein paar Freiheiten nahm, immer genau dort die nächtliche Pause einzulegen, wo ich gerade wollte. So waren die ersten Etappenziele am Walensee, am Gotthard und in Zermatt, wo ich auf meine Familie traf, fest definiert.

Beim Start der Bregenizza verspürte ich also schon einen gewis-

sen Druck, dass gleich auf Anhieb alles gut gehen musste, um am Abend den Unterschlupf bei einer guten Freundin in Weesen zu erreichen. Angenehme Temperaturen, Sonnenschein und kein spürbarer Wind – die lang aufgebaute Vorfreude fühlte sich bestätigt und wurde immer mehr zur umgesetzten Tatenfreude: Es machte Spaß, endlich in die Pedale treten zu können, den Fahrtwind zu spüren, am Kartendisplay des Fahrradcomputers eine noch sehr kleine, aber immer länger werdende zurückgelegte Strecke zu sehen und Meter für Meter die Rheinebene im Vorbeiziehen zu genießen. Noch kurzweiliger machten es mir die administrativen Zuordnungen in diesem breiten Talboden: Österreich, Schweiz und Liechtenstein – im Nu hatte ich schon drei Länder bereist und war doch erst wenige Kilometer unterwegs. Doch dann ging es endgültig von Liechtenstein in die Schweiz – und der Blick in Fahrtrichtung nicht mehr flach weiter den Rhein entlang, sondern steil hinauf ins Toggenburger Land. So schien es, als würde plötzlich ein Schalter in meiner Muskulatur umgelegt: die zunehmende Steigung spürte ich deutlich stärker als sonst, wenn ich über die Alpenpässe trete. Ja kein Wunder, ich hatte dieses Mal auch deutlich mehr Gepäck dabei, obwohl der Schlafsack noch fehlte. Im Kopf ging ich durch, was ich jetzt vielleicht doch noch hätte daheimlassen können. Bin ich mein Bikepacking wirklich radikal minimalistisch angegangen? Aber ich kam wie zuvor beim Packen zu dem Schluss, dass ich das Gepäck so weit wie möglich reduziert hatte: nur jeweils ein Wechsel-Kleidungsstück ist kein Luxus, gerade jetzt, da mir die Schweißperlen schon im Gesicht standen und das Trikot sicher nicht mehr trocken war.

Bald merkte ich auch, dass sich eine gewisse, wenn auch recht harte Routine einstellte. Die Muskeln fanden sich irgendwie damit ab, dass sie jetzt etwas mehr zu leisten hatten als zuvor im Flachen – vielleicht auch, weil die immer weiter reichende Aussicht gut von den noch ungewohnten Anstrengungen ablenken konnte. Auch die Sorgen, das Tagesziel nicht zu erreichen, verflogen nach dem zweiten langen Anstieg endgültig, als ich an der Vorder Höhi ankam. Es war so ein Moment wie später auf der Strada dell'Assietta: Plötzlich weitete sich der Blick, in diesem Fall nach Süden bis zum Schweizer Alpenhauptkamm, und das Alpsteinmassiv rund um den antennenbestückten Bodensee-Wächter Säntis im Rücken war nicht mehr die einzig hohe Bergkette, die es zu sehen gab. Der Sonnenstand war hingegen noch deutlich höher als am abendlichen Etappenziel gut eine Woche später – zum Glück, so konnte ich auf dem Weg hinab in den Zielort noch einen kleinen Schlenker machen und hoch über dem Walensee wie ein Adler in die Tiefe direkt aufs Wasser blicken. Knapp 900 Meter Höhenunterschied – da kam schnell Lust auf, meinen nicht mitgenommenen Gleitschirm auszupacken. Aber auch die aussichtsreiche Straße bergab nach Weesen war eine Freude – und noch mehr das anschließende Wiedersehen mit Herta, einer langjährigen Freundin, die mir recht spontan ein Dach über dem Kopf angeboten hatte. Wir hatten uns schon ewig nicht mehr gesehen und so war der erste Abend der Transalp auch lang und voller Geschichten – ein schöner Kontrast, war ich doch davor einige Stunden in meinen Gedanken mit mir ganz alleine unterwegs gewesen.

Am nächsten Morgen musste ich allerdings trotzdem wieder früh raus – das nächste Tagesziel war ja wieder festgesetzt und so machte sich unterschwellig wieder etwas Zeitdruck breit. Noch recht müde ging es zum langgezogenen, aufgestauten Klöntalersee hinauf. Es grummelte – nicht nur in meinem Bauch, der gleich noch etwas Frühstücksnachschub wollte, noch viel lauter und beständig tief kam der Grummelton aus dem hinteren Seegebiet. Das Schweizer Ungeheuer von Loch Ness? Oder der Ablauf des Speichersees? Ich fuhr etwas weiter am Nordufer entlang, um dem interessanten Ton vielleicht auf den Grund gehen zu können. Auch einige Wanderer schauten etwas suchend entlang der Straße. Je weiter ich den See entlangfuhr, desto mehr wurde mir klar: die Menschen erwarteten kein Ungeheuer im See, sondern irgendetwas auf der Straße. Meinetwegen hatten sie die Kameras jedenfalls nicht gezückt. Ich trat schon etwas bedachter in die Pedale – zum Glück, denn plötzlich kamen hinter der nächsten Ecke etliche Kühe auf mich zu. War es ein verfrühter Almabtrieb oder einfach ein Umzug als kleine Touristenattraktion? Jedenfalls war es des Rätsels Lösung: die großen Schellen, wie die Kuhglocken in der Schweiz genannt werden, verursachten das ungeheuerliche Grummeln. Gerade noch hatte ich es an den Straßenrand geschafft, schon zogen die ausgewachsenen Kühe an mir vorbei. Etwas ungeheuerlich war es schon, aber nach ein paar Schocksekunden nahm ich dann auch meine Kamera zur Hand und bewunderte die teilweise sehr aufwändig hübsch gemachten Almkühe mit ihrem Kopfschmuck und den großen Schellen um den Hals. Das Grummeln hörte ich anschließend noch eine Weile im Anstieg zum Pragelpass auf der geteerten, verkehrsberuhigten Straße.

Schließlich sind die gigantischen Kalkwände der Glarner Alpen perfekte Echowände. Auch im anschließenden Bergab beeindruckten die Wände der First-Gebirgskette. Ich spürte, wie sich meine Muskeln im Fahrtwind wieder entspannten. Die Müdigkeit war verflogen – gut, denn gleich nach der Abfahrt erwartete mich der nächste Anstieg. Ich war erstaunt, wie leicht es mir fiel, die steile, bald nicht mehr asphaltierte Fahrstraße hinaufzuklettern. Die Beine waren eindeutig fitter als noch am Morgen. Doch irgendwann kam dann doch der Moment: die Steigung betrug über 20 % und die Räder drehten durch. Hoffentlich passiert das nicht mehr allzu oft, habe ich doch noch viele Pässe auf der Strecke vor mir. Wie wird das erst am Gletscher werden, den ich in zwei Tagen bei der Grenzüberquerung nach Italien befahren wollte? Ich schob ein gutes Stück nach oben und noch bevor ich den Pass erreicht hatte, beschloss ich, für die Bregenizza-Nachfahrer noch eine alternative Route für diesen Anstieg herauszusuchen. Auch die Gletscherpläne begannen etwas zu bröckeln.

Doch oben angekommen war vor allem die Erleichterung zu spüren. Die zwei großen Pässe des Tages waren geschafft und zum festen Schlafplatz ging es jetzt nur noch einmal Hinauf. Zwar standen noch mehr Höhenmeter am Programm als beim so hart empfundenen allerersten Anstieg gestern, aber von Schwerfälligkeit war nichts mehr zu spüren. Ich war wohl wirklich gut reingekommen in die Treterei – ein gutes Zeichen für die vielen noch bevorstehenden Kilo- und Höhenmeter. Befreit genoss ich die Abfahrt an den Vierwaldstätter See, der sich erst spät, dann aber ganz plötzlich und unwirklich vor mir auftat. Wie in einem norwegischen Fjord liegt der See in dem tief eingeschnittenen Tal. Spektakulär in den Felsen eingehauen führte mich der Weg am schweizerischen Meer entlang. Nur der Salzwassergeruch fehlte. In skandinavische Träumen versunken merkte ich fast gar nicht, dass schon bald gar kein See mehr neben mir war. Die Reuss begleitete mich nun zuerst noch recht eben, dann in ein paar steileren Aufschwüngen hinauf bis zum Zielort Göschenen, wo mich der Teufelsstein mit seiner sagenumwobenen Geschichte rund um die Teufelsbrücke über die Schöllenenschlucht empfing. Dieser tief eingeschnittene Klamm und bekannte Transit-Rampe hinaufzutreten war ein harter Start am nächsten Morgen, zumal es nicht nur nach Andermatt, sondern gleich drei Mal so viele Höhenmeter bergauf ging. Das bequeme Hotelbett und gute Frühstück hatte sicher dazu beigetragen, dass trotz Kaltstart bald Freude aufkam, sich die vielen kleinen Serpentinen der alten Militärstraße 1000 Höhenmeter hinaufzuschlängeln. Dort oben erwartete mich ein weiteres Tour-Highlight, das ich wie die Strada dell'Assietta auch schon länger im Kopf hatte – allerdings wirklich eher als Mountainbike-Tour. So begegneten mir auf dem Trail hoch über Andermatt einige gut gefederte (E-)Biker und auch ich muss zugeben, dass der Urseren Höhenweg mit einem Mountainbike noch besser fahrbar gewesen wäre. Aber der Spaß war trotzdem grenzenlos. Ein Panoramawanderweg mit uneingeschränkten Blicken auf die Berge des Schweizer Alpenhauptkammes, tief unten im breiten Tal die Straße zum Furkapass – ein bisschen wie Fliegen fühlte es sich schon an, als ich die flowigen Passagen des Trails ohne viel Muskel- und Bremskraft dahingleiten konnte ohne mühsam als Wanderer nur im Schritttempo voranzukommen. Und die Tatsache, auf so vielseitigem Terrain unterwegs sein zu können und (noch leider nur fast) alles, was man zum Leben braucht, am Rad dabei zu haben – das schmeckte schon sehr nach Freiheit. Auch die letzten Kilometer auf der Passstraße in Begleitung vieler Autos und Motorräder konnten diesen Eindruck nicht schmälern.

Glücklich und zufrieden passierte ich am Furkapass die Grenze ins Wallis und konnte kurz darauf einen Blick auf das formschöne Matterhorn an meinem heutigen Zielort Zermatt erhaschen. Schnell war dieses Synonym von Pyramide auch schon wieder versteckt – rasant ging es dort hinunter, wo noch vor ein paar Jahrzehnten majestätisch der Rhonegletscher als gut sichtbare Quelle des gleichnamigen Flusses die

Steilstufe hinunterhing. So hatte ich bald den Talboden erreicht und meinen treuen Begleiter für die nächsten 60 Kilometer bergab nach Visp direkt neben mir. Nicht mehr als kleinen Wildbach, sondern als breiten Fluss ließ ich die Rhone schließlich rechts liegen und forderte meine Muskeln heute noch ein letztes Mal ordentlich heraus: 1000 Höhenmeter bis zum nächsten Matterhorn-Blick. Dieses Ziel beflügelte sehr, nicht nur weil dort meine Familie gerade Urlaub machte und mir ein Bett anbot, vor allem auch, weil ich mit Zermatt einige Kindheitserinnerungen verbinde – waren wir dort schon als kleine Kinder einige Jahre im Sommer wandern. Wir lernten hier, dass es in den Alpen nicht nur die Almwiesen und schroffen Kalkfelsen gibt, sondern auch hochalpine Gletscherberge – es war also ein Gefühl von Heimkehren in die vertraute Bergheimat der Kindheit, als ich das Ortsschild von Zermatt passierte und das Matterhorn an altbekannter Stelle groß und majestätisch erhaben hinter der vorgelagerten Bergflanke zum Vorschein kam.

Hätte ich damals schon eine Fitnessuhr gehabt, wäre meine dort gemessene Body-Battery wohl schlagartig auf 100% gesprungen, so viel Auftrieb gab mir dieses Ankommen gerade. Doch nach gutem Essen und Ratschen überfiel mich dann doch früh die Müdigkeit, und ich war auch irgendwie froh, noch den Bikepacking-Luxus-Modus zu haben und einfach ins Bett fallen zu können, schließlich stand morgen die Gletscher-Etappe an.

Dass ich diese dann auch für meine Bregenizza-Nachfahrer beschreiben würde, dafür war während der letzten zwei Tage in meinem Kopf die Wahrscheinlichkeit auf null gesunken. Trotzdem war der Reiz für diese außergewöhnliche Etappe groß – zumal ich auch meinen Freund Patrick, den größten Pässe-Sammler mit dem Velo, wie er zum Rad sagen würde, den ich kenne, als Begleitung für diese heutige anspruchsvolle Etappe auf über 3000 Meter gewinnen konnte. Aufgrund der schon angesprochenen Schlafsack-Rettungsaktion, die ich mit Übergabeort und Treffpunkt morgen auf der gletscherfreien Ersatzroute im Rhonetal fertig organisieren konnte, hatte ich auch die Zeit für diesen Abstecher auf den Gletscher-Pass – wenn auch dann nicht weiter nach Italien, sondern mit Patrick lieber wieder zurück nach Zermatt. So konnten wir beide auch mit sehr leichtem Gepäck die Herausforderung angehen.

Früh ging es los – schließlich mussten wir am Gletscher genau den Moment erwischen, wo das Eis gut griffig zum Fahren war und nicht schon zu aufgeweicht. Doch zuerst traten wir einige Höhenmeter im Schotter bergauf. Ich merkte, ich hatte mittlerweile etwas Übung mit dem Kugellageruntergrund und auch die Steilheit knockte mich nur selten aus. Am Trockenen Steg angekommen stieg die Spannung: Wie wird es nun wohl auf dem Eis weitergehen? Fahrbar oder nur schiebbar? Mit oder ohne Spikes unter den Sohlen? Wir fuhren eine Schlepplifttrasse entlang – zuerst ohne Schnee und Eis ganz flach, dann mischte sich langsam Eis dazu und bald kam der Knick: Wir waren an der Stirn des Gletscher angekommen. Durch den starken Rückzug des Theodulgletschers ist dieses Stück hoch zum recht ebenen Plateau beim anvisierten Theodulpass noch etwas steiler geworden. Wir orientierten uns an den recht frischen Skispuren entlang des dünnen und steilen präparierten Pistenstreifens. Das Pistengerät hatte uns ein ganzes Meer an Eiswürfeln hinterlassen, überzogen von einer sehr dünnen, schnell zerbrechenden Eisglasur. Eigentlich recht griffig, aber die Räder drehen doch ziemlich schnell durch. Es war zu steil – an ein Hinauffahren war nicht zu denken, unsere Spikes konnten wir aber verpackt lassen.

Schritt für Schritt – es ging langsam voran im Steilhang, aber dafür sicher. Das war schließlich das Wichtigste, gerade weil wir beide auch noch ein Fahrrad hinaufzuschieben hatten, das schließlich auch einen gewissen Halt brauchte. Die Hände an den Bremshebeln, die Blicke auf das Eis vor uns – so ging es eine ganze Weile das Eis hinauf. Plötzlich tauchte im Blickfeld ein großer Spalt auf. Ein lautes Rauschen war von tief unten zu hören – eine Gletscherspalte und Schmelzwasserkanal auf einmal. Die Spikes wären jetzt doch sehr hilfreich gewesen, aber keine Chance! Hier war sicher kein guter Kettenanlegeplatz. Wir suchten rechts und links, ob der Spalt irgendwo etwas kleiner sein würde. An dieser Stelle jedenfalls war er für uns unüberwindbar. Weiter rechts hinauf sah es etwas besser aus. Wir versuchten unser Glück und wurden belohnt. Mit angezogenen Bremsen, ein Rad schon ganz auf der einen Seite, eines noch auf der anderen Seite und dazu ein großer Schritt: das Hindernis war überwunden – in der Hoffnung, dass es auf dem Rückweg noch genauso leicht zu überwinden sei.

Bald wurde es etwas flacher und ich konnte es nicht lassen, zu versuchen, ob es schon fahrbar war. Zuerst vielleicht nur ein Meter, aber ein paar Versuche später konnte man es echt eine Gletscherbefahrung nennen – die Ausdauer wurde belohnt und schon bald hatte ich es heraus, den Schnee-Eis-Untergrund zu lesen und eine griffige Linie zu finden. Ich war im Flow, im Gletscher-Flow. Patrick erwies sich schiebend als guter Dokumentarfotograf. Vom Gletscherskigebiet fuhren ein paar wenige Skifahrer unseren Aufstiegsweg zum Trockenen Steg hinab – eine skurrile Szenerie. Doch schlagartig wurde ich aus meinen Gedanken gerissen: mein Vorderrad verschwand plötzlich tief im Schnee. Nur noch mein Lenker sah heraus. Mist, schnell Gewicht nach hinten und raus hier! War das eine Gletscherspalte? Irgendwie schaffte ich es, mich aus dieser abrupten Vorlage zu befreien und stand schließlich mit beiden Füßen hinter dem ominösen schneegefüllten Loch. Mein Rad tief eingesunken. Es gelang mir, das Rad herauszuziehen, und wir machten einen großen Bogen um diesen Schneesumpf. Ein paar weitere ähnlich aussehende Schneeflecken umfuhren bzw. umschoben wir auch noch, und dann war Zeit für eine kleine Pause. Ein Lifthäuschen erwies sich als guter Windschutz gegen den eisigen Gletscherwind. Wir blickten schließlich auf die weitere Strecke und bekamen Lust, nicht nur den geplanten Theodulpass, sondern auch den 150 Meter höheren Passo di Ventina Nord zu erklimmen. Diese Gelegenheit ließen wir uns nicht nehmen.

Ohne Spikes ging es weiter – leider eine Fehlentscheidung, denn auch die Route hoch zum Ventina-Pass hatte einen Steilaufschwung, der – was wir von der Ferne noch nicht gesehen hatten – sehr eisig war. Wir balancierten entlang der frischeren Schneemobil-Spuren, die uns zum Glück etwas raueren Untergrund gaben, doch ganz durchgehend waren sie leider nicht. Der Wind blies uns immer stärker ins Gesicht. Plötzlich hörte ich es hinter mir: Patrick rief und schlitterte am Boden entlang. Ich konnte nichts machen. Es gab kein verbindendes Seil. Kein Ziehen und kein „Stopp!" von mir hätten ihn aufhalten können. Eine, vielleicht auch mehrere Schrecksekunden später: puh, er hat sich gefangen. Zum Glück hatte er das Rad bei sich. Wie an einem Anker konnte er sich daran schnell hochziehen, und als wäre nichts gewesen, stieg er weiter bergauf. Ein Zittern hatte ich ihm nicht angemerkt – doch mindestens meine Knie wurden nach diesem Vorfall etwas weicher, zumal sein Ausflug auf dem Boden noch recht weit unten am Steilaufschwung war. Die potenzielle Rutschbahn und vor allem auch Geschwindigkeit würde jetzt höher ausfallen. Aber ich ließ mich nicht wirklich von diesen Gedanken beeinflussen. Tritt für Tritt suchte ich die rauesten und flachsten Bereiche und stieß extra fest in das Eis hinein, damit Patrick sich vielleicht leichter täte.

Tief durchatmen – als wir das Plateau rund um den Ventina-Pass erreichten, löste sich die Anspannung. Ich konnte sogar wieder ein paar hundert Meter fahrend zurücklegen und schon bald waren wir angekommen: 3443 Meter über Meer – der höchste Pass, den Patrick und ich bis jetzt mit dem Rad erklommen hatten und dann auch noch in dieser traumhaften Umgebung, die wir jetzt auch wieder mehr genießen konnten: Schließlich schauten Matterhorn, Grand Combin und Mont Blanc um die Ecke der seilbahnverbauten Testa Grigia direkt neben dem Pass. Im Gletscherskigebiet war reger Betrieb. Alleine waren wir also nicht, aber ohne Ski und dafür mit zwei Rädern als fahrbarem Untersatz. Trotz Trubel, wir sogen diesen Moment am Pass minutenlang auf. Das war wirklich hart erarbeitet – und ein Selbstläufer wird es nun bergab sicher auch nicht! Einmal mehr bestätigte ich mir, dass ich die Gletscherbefahrung nicht guten Gewissens als Teil der Bregenizza-Route beschreiben konnte. Und ich war gespannt, wie viel Fahren und wie viel Schieben notwendig sein würde. Schließlich war ich schon öfters im Schnee mit dem Rad bergab gefahren – aber wenn die Schneesumpflöcher mit der Hitze zunahmen, dann wäre doch ziemlich Vorsicht geboten.

Doch zunächst ging es angenehm und ohne Sumpfkontakt praktisch nur fahrend bergab zum zweiten Pass. Der Theodulpass war von der Piste des Gletscherskigebietes leicht erreicht. Hier würde es jetzt hinunter nach Italien gehen und schließlich direkt weiter zum Mont Blanc, der schon so verlockend winkte. Aber die Geröllpiste auf der italienischen Südseite lockte nicht wirklich und machte es uns nicht schwer, die bekannte vergletscherte Nordseite wieder zurück nach Zermatt zu nehmen, um morgen dann Johanna als Begleitung für die nächsten Bregenizza-Etappen zu treffen. Zuerst noch eine Steilstufe, doch es ging leichter als gedacht – auch die Sumpflöcher hatten sich auf der anschließenden flachen Strecke nicht merklich vermehrt. Die Aufstiegsroute war hinab deutlich mehr fahrbar als hinauf. Es machte richtig Spaß – fast als hätten wir Ski unter den Füßen. Doch wo war das große Hindernis, die große Gletscherspalte von vorhin? Es wurde steiler zum Gletscherende hin und wir tasteten uns wieder langsamer vor. Von oben sah alles viel weniger wild aus und auch der etwas weiter aufgeweichte Untergrund gab uns Sicherheit. Ein großer Schritt und ein kleiner Hüpfer fürs Rad

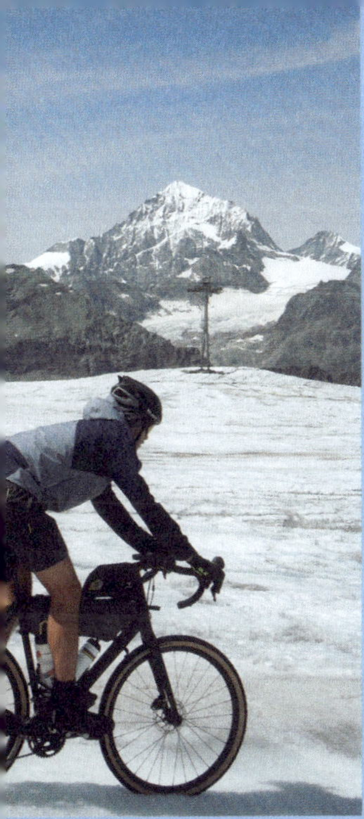
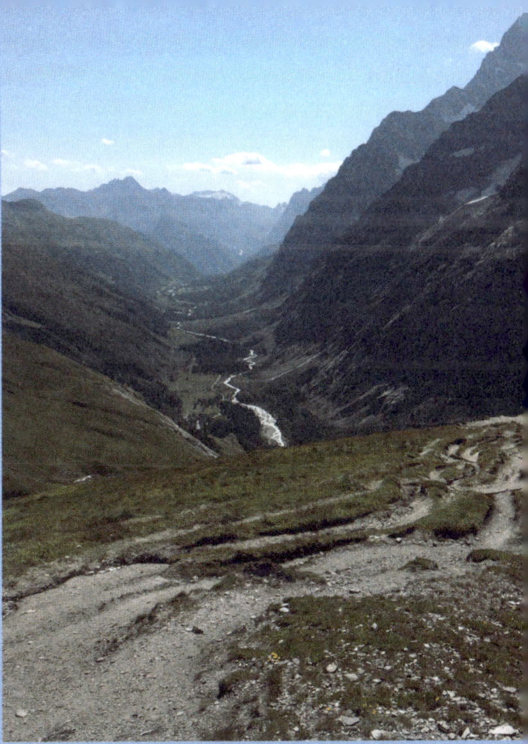
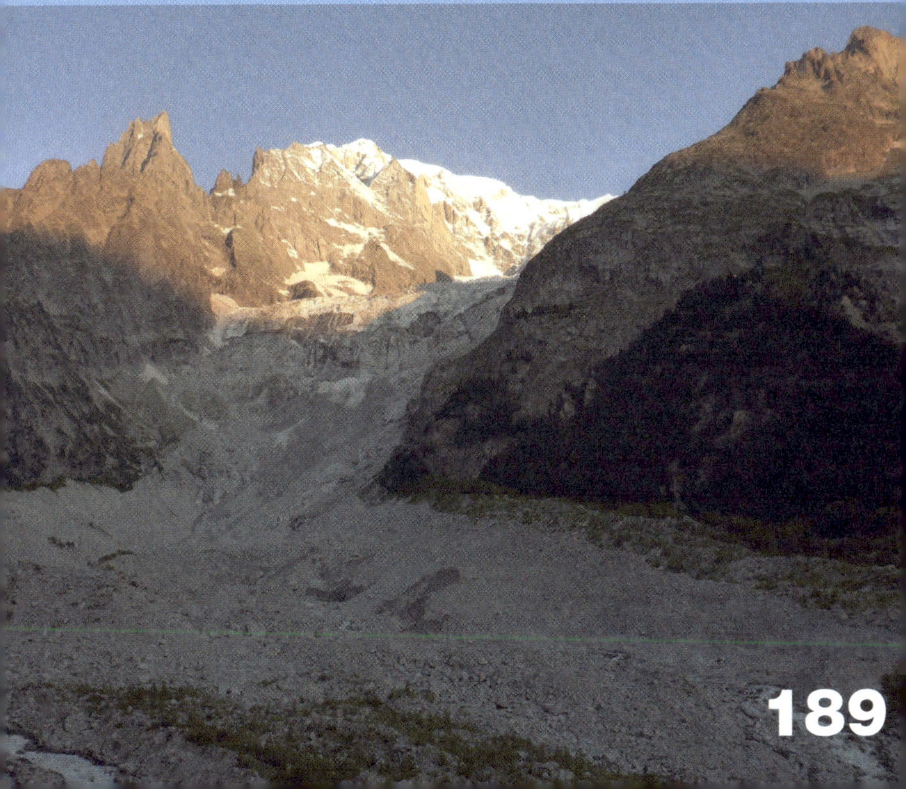

und wir waren sicher auf der anderen Seite und bald wieder auf gewohnt staubig, steinigem Boden. Zur Belohnung der gelungenen Gletscher-Expedition gab es noch zwei Trails auf der Strecke nach Zermatt und schließlich das obligatorische Panasch, wie man hierzulande zum Bier mit Zitronenlimonade sagt. Prost, Gesundheit – wir hatten es geschafft, und zwar gesund und munter!

Auf Wiedersehen Patrick, auf bald Matterhorn – am nächsten Tag wartete dann wieder die Arbeit: hinunter zurück nach Visp und nach der Gletscher-Eskapade die Bregenizza-Tourenbeschreibung fortsetzen: Es war schon eine Umstellung, wieder alleine unterwegs zu sein, aber das war ja nur von kurzer Dauer: In Sion traf ich Johanna. Sie hatte sich etwas Urlaub nehmen können, würde mich ein paar Tage begleiten und brachte mir ganz nebenbei meinen Schlafsack mit. Die Rettung war geglückt. Von jetzt an war ich zwar mit etwas mehr Gepäck unterwegs, fühlte mich aber erst richtig komplett und bereit für die „richtige" Bikepacking-Tour – danke, Johanna!

Ich vermutete, ich hatte sie vor allem mit der Strecke rund um den Mont Blanc gelockt und war beeindruckt, welch großen Willen sie zeigte, in dieser Dimension für sie unbekannte lange und höhenmeterreiche Etappen in Angriff zu nehmen – und hoffte, dass ich sie mit meiner Schlafsack-Rettungsaktion nicht gedrängt hatte und wir wie geplant morgen dann den Mont Blanc von ganz nah sehen würden. Wir radelten uns langsam ein – trotz Gegenwind ging es im Rhonetal gut dahin. Die Weinhänge auf der Südseite ließen uns schon das Wasser im Mund zusammenlaufen. Es roch schon sehr nach Südfrankreich. Doch dieser Vorgeschmack sollte für die nächste Woche noch einer bleiben…

Den ersten gemeinsamen Pass kamen wir in einer sehr passablen Zeit hinauf. Klar war der Leistungsunterschied allein durch meine vielen Radstunden der letzten Tage zu erkennen, aber wir harmonierten trotz zuvor noch nicht einem gemeinsam geradelten Kilometer erstaunlich gut – es war Zeit sich zu belohnen, schließlich war es auch schon dämmrig und die Lust auf Pizza kurz hinter der Passhöhe sehr groß. Mit vollen Mägen und schon etwas vorbereitet auf die Nacht draußen machten wir uns auf die Suche nach einem geeigneten Schlafplatz. Die Vorsondierung per Luftbild und Karte war erfolgreich – die recht ebene Fläche mit Blick auf den Grand Combin und die Passstraße hoch zum Großen St. Bernhard war ideal. Endlich eine Nacht im Freien – ich freute mich schon auf den erholsamen Schlaf an der frischen Luft. Mit Blick auf den noch jungen Nachthimmel trauten wir dem Frieden aber nicht und spannten zuvor noch unseren zeltartigen Regenschutz auf.

Zu Recht: am nächsten Morgen hatten uns keine Sonnenstrahlen, sondern Donnergrollen und Regentropfen geweckt. Puh, ein Gewitter draußen am Berg – darauf hatte ich jetzt kurz vor dem Losfahren keine große Lust. Ich checkte den Regenradar und war erleichtert: Das Gewitter zog schon an uns vorbei. Eine Stunde später war es schon wieder trocken, die Sonne kam heraus und bald waren wir bereit für den Tag, besser gesagt vor allem für das Frühstück. Unsere Reserven waren knapp und wir beschlossen, uns lieber erst im Tal ausgiebig zu stärken. Doch bis dahin galt es noch einen recht steilen Trail zu meistern. Nun mit vollem Gepäck und einem langen 30 % Gefälle schon eine kleine Herausforderung – für die Psyche und die Bremsscheiben, auf denen wir anschließend locker ein paar Rühreier anbraten hätten können. Die Anspannung und Konzentration vertrieben den Hunger aber etwas und so beschlossen wir, weder die Möglichkeit für eibeschmierte Bremsen noch für ein Frühstück beim Bäcker im Talort zu nutzen. Die Neugierde auf die 4000er des Mont Blanc Massivs wurde auch immer größer. Doch zunächst mussten wir uns mit den 3000er-Nadeln zufriedengeben, was uns auch sehr leichtfiel: beeindruckend filigrane Felsformationen zierten die Gletscher hoch über uns. Der Anstieg bis zum letzten Schweizer Dorf verflog so im Nu. Dort angekommen knurrte dann doch der Magen und wir rüsteten uns für ein mittägliches Frühstück aus, das wir gleich anschließend mit Paradeaussicht verspeisten. Auch unsere Wegproviant-Reserven wurden wieder gut aufgefüllt. Schließlich sollte der noch 1000 Meter höhere Grand Col Ferret kein leichter Pass sein. Er sollte vor allem in der Abfahrt sicherlich die Schlüsselstelle der gesamten Bregenizza-Tour beinhalten und auch uns als frisch gebackenes Team herausfordern…

Doch zunächst lief bergauf wie erwartet alles noch ganz harmlos an: Teerstraße, dann ein gut ausgebauter Schotter-Fahrweg bis zur Alm – etwas mehr als die Halbzeit in Sachen Höhenmeter war schon geschafft und die Schwierigkeiten lagen bis jetzt nur in der Kraft und Ausdauer. Nun kam der technischere Part des Aufstieges: zum Glück war der sehr erdige Wanderweg weder zu trocken noch zu nass und wir konnten beide ziemlich viele Passagen fahren. Ich war richtig glücklich zu sehen, dass auch Johanna ihren Spaß hatte und den Herausforderungen gewachsen war. Da hatte mich mein Bauch-gefühl wohl nicht getäuscht, als ich sie gefragt hatte, ob sie Lust hätte, mitzukommen. Und bald kam wieder so ein 5-Sterne-Bewer-tungs-Moment: Wir fuhren bergan, gerade ein eher leichteres Stück, keine Wanderer, denen wir gerade ausweichen mussten, der Blick kreiste umher in dieser alpinen Landschaft – und dann: Plötzlich vor uns aus dem Nichts hinter den weiten Hügeln in Richtung Pass die Grandes Jorasses – wie ein geköpftes Matterhorn, das auf einer Wiese liegt, lugte dieser berühmt-berüchtigte mehrgipflige 4000er hervor. Beeindruckt von der nicht begreifbaren Relation von Weite und Höhe fuhren wir gebannt weiter bergauf und waren neugierig um jede neue Spitze am Horizont. Wo würde nun endlich der Mont Blanc herauskommen?

Am Pass hatten wir immer noch keine Antwort: es schien, als wür-den die Grandes Jorasses dem höchsten Alpengipfel die Show steh-len – und einige Menschen verfolgten dieses Machtspiel hier am Grenzübergang nach Italien. Wir waren doch in einer sehr berühm-ten Ecke unterwegs, wurde uns hier wieder bewusst, als wir die vie-len Mont-Blanc-Trekking-Touristen und ein Begleit-Muli neben uns hatten. Doch wir waren froh, dass wir nun mehr freie Fahrt auf dem Weg nach unten hatten. Wobei: freie Fahrt? Laut Recherche sollte das ja nun die Königsetappe sein, der anspruchsvollste Ab-schnitt der gesamten Route. Und so war es auch: wir waren absolut an unserer Grenze, ließen uns aber nicht aus der Ruhe bringen, als die großen, tief eingeschnittenen und matschigen Stufen zu bewäl-tigen waren. Hoch konzentriert ging es Schritt für Schritt bergab mit unseren Drahteseln im Gepäck: einmal rechts, einmal links – immer dort, wo es das Gelände gerade erlaubte, ein 30-Kilo-Rad durch die Gegend zu wuchten. Fahrstellen konnten wir hier wirklich an einer Hand abzählen – und doch schaffte es ein Schnappschuss von Johannas einzigem Fahrabschnitt tatsächlich später aufs Trans-alp-Buch-Cover! Kein Wunder: die Kulisse war einzigartig! Und sie sollte noch spektakulärer werden.

Noch ein paar Tragepassagen und wir waren auf der Fahrstraße hi-nunter in den Talboden. Dort angekommen waren die Szenerie und das mühelose Hinausfahren auf der leicht geneigten Straße einfach unbeschreiblich: nicht nur weil bald die Schneehaube des Mont Blanc zu sehen war, sondern auch weil die Dimensionen generell immer unbegreifbarer wurden. Die lieblicheren Hänge auf der linken Seite waren zwar von der Vegetation her auch besonders, aber irgendwie in Distanz und Höhe sehr vertraut. Rechts hingegen schauten wir auf die hängenden Gletscher, steilen Felswände und schwindelerregenden Gipfel und bekamen beinahe eine Genickstarre. Im Talort am Portal des Mont-Blanc-Straßentunnels blickten wir schließlich über 7 Kilometer Luftlinie 3500 Höhenmeter hinauf zum höchsten Berg der Alpen. Majestätisch sah es aus, wie die Sonne hinter den Vorgipfeln verschwand und ihre Strahlen rechts und links noch vorbeischickte. Die Grandes Jorasses waren aber immer noch im Spiel: das bedrohlich wirkende, nur scheinbar ewige Eis unter dem höchsten Punkt wurde von der Sonne in rötliche Farben getaucht.

Auch in der Nacht war das mächtige Mont-Blanc-Massiv präsent: Für die Augen gab es zwar nur schemenhaft die markanten Konturen der Bergriesen zu bestaunen, für die Ohren hingegen war es furchteinflößender: fast dauerhaftes Krachen, Surren und Grollen war zu hören – Eis und Fels wollten auch im Schutze der kühlen Nacht nicht oben am Berg bleiben und lösten sich lautstark und erschreckend oft von ihren ursprünglichen Heimatplätzen. Ein erster Kontrollblick am Morgen galt somit dem Mont Blanc mit seinen steilen Felswänden und Gletschern: soweit noch alles da - und noch dazu wieder in einem atemberaubend schönen Sonnenlicht.

Bis die Sonne schließlich bei uns angekommen war, dauerte es noch ein wenig. Leicht frierend und immer noch beeindruckt ging es im Patagonien-Feeling zuerst noch weiter das Val Vény hinein in Richtung unseres nächsten Grenzüberganges, dieses Mal nach Frankreich. Doch schon bald gab die Sonne wirklich alles und wir fingen an zu schwitzen, nicht nur beim Abstecher zu Fuß zu den beeindruckenden steilen Moränenwällen, die der Glacier du Miage dort entstehen ließ. Mittlerweile hat der Gletscher keine Kraft mehr – er zieht sich erschreckend schnell zurück und kapituliert in großen Einsturzkratern vor dieser Moränenlandschaft. Und so bestätigte uns die globale Erderwärmung erneut, wie massiv wir ihre Folgen im Gebirge sehen können. Ziemlich dramatisch und doch auch faszinierend war dieser Anblick, der auch noch die nächsten steilen Kilometer hinauf nach Frankreich nachwirkte.

Die letzten 300 Höhenmeter waren wieder mehr vom Schieben und Tragen geprägt – schließlich galt auch dieser Pass in den Vorrecherchen als anspruchsvoll, aber in diesem Fall vor allem im Aufstieg. Die Abfahrt sollte hingegen ein Vergnügen sein. Und richtig: Am

Pass noch ein paar verabschiedende Blicke zurück auf die Bigwalls und den König der Alpen – und schon ging es ziemlich ununterbrochen im Flow bergab. Einmal etwas zu sehr: das war dann der Moment, wo ich das Gravelbike doch einmal alleine weiterfahren lassen musste. Aber alles halb so schlimm: bei dieser nassen, rutschigen Passage kam das Rad mit dem vielen Gepäck auch gleich wieder zum Stehen, oder besser gesagt, zum Liegen im flachen Hang. Ein paar Höhenmeter ging es auf diesem Trail danach noch schiebend bergab, aber bald kamen wir in einen richtigen Geschwindigkeitsrausch. Die längste Abfahrt der Bregenizza-Route endete schließlich im heißen Bourg-St-Maurice – und es hätte dort auch gleich der längste Anstieg der Tour folgen können, wäre da nicht diese stechende Hitze gewesen. Nur mühsam kamen wir voran und taten uns schwer mit der Akklimatisierung – wir waren wohl gerade eher an Höhe und Kälte angepasst. Und ich ahnte, das wird uns heute noch zum Verhängnis…

Ein Blick auf den Regenradar bestätigte es: in den Tälern westlich von uns braute sich etwas zusammen und bald waren die Ausläufer dieses riesigen Gewitterpilzes zu sehen. Wir versuchten unser bestes, noch einmal alle Reserven zu mobilisieren. Tignes wäre gerade noch gut zu erreichen, würden wir unser Tempo halten und das Gewitter wie prognostiziert verlaufen. Doch irgendwann merkten vor allem Johannas Beine, wie viel sie geleistet hatten, zu viel und sie brach doch deutlich ein. Ich konnte ihr keinen Vorwurf machen. Was sie alles ohne viel Training und Erfahrung die letzten Tage geschafft hatte: diese beiden schweren Pässe so zu meistern und hier nochmal alles zu geben – phänomenal. Das Gewitter kam aber leider noch dazu schneller als erhofft näher. Der Regenradar forderte mich zum weiteren Grübeln auf. Wo könnte hier im tief eingeschnittenen Tal mitten im Niemandsland ein guter Unterschlupf am Weg liegen? Der letzte Ort zu weit weg, der nächste auch unerreichbar – mir kamen die Bilder der Tour de France Etappe 2019 nach Tignes in den Sinn, als ein heftiges Gewitter mit Hagel und Murabgängen für den Rennabbruch sorgte. So einen Abbruch muss es heute wohl auch geben. Zu sehr fühle ich mich auch für Johanna verantwortlich, als dass ich hier das Risiko eingehen wollte, noch einmal alles zu geben und irgendwie noch Tignes zu erreichen. Und so steuerten wir die nächsten Straßengalerien als Notunterstände an. Noch besser wäre natürlich ein richtiges Dach über dem Kopf, schließlich kam der Abend näher und Essen, Trinken und Schlafen würde unseren Kräften auch nicht schaden. So riskierten wir noch ein paar hundert Meter weiter zu fahren. Die ersten Tropfen spürten wir schon auf unseren verschwitzen Körpern, doch dann sahen wir das Haus, das ich zuvor auf der Karte gefunden hatte. Ein Appartement – vielleicht hatten sie einen Platz für uns? Auch nur für die Dauer des Gewitters?

Als die Besitzerin uns die Garage als Unterschlupf angeboten hatte, waren wir schon erleichtert. Nach dem Gewitter würden wir einfach noch die restlichen Kilometer nach Tignes weiterfahren und uns dann mit einem festlichen Mahl belohnen. Doch dann kam alles anders: Die Besitzerin kam mit zwei Schlafsäcken und lud uns in ihr Wohnzimmer ein. Wie herzlich – wir packten natürlich unsere eigenen Schlafsäcke aus, aber die Couch und das leckere Essen nahmen wir dankend an. Am nächsten Morgen gab es dann noch dazu ein herrliches, wirklich reichhaltiges Frühstück. Unsere Euro-Scheine nahm sie nur sehr widerwillig an, als wir uns mit zwei riesengroßen „Merci beaucoup!" verabschiedeten – uns war klar, wir hatten unseren französischen Schutzengel getroffen und wahrhaftig: Das Appartement hieß tatsächlich übersetzt Engelshütte. Man mag an Schicksal, Göttliches und Engel glauben oder nicht: Das war schon ein verdammt guter Zufall, zu gut für ein Kino-Drehbuch.

Beflügelt von dieser Nacht radelten wir im Nu nach Tignes. Der Himmel war uns wieder wohlgesonnen und der Wetterbericht versprach stabile Verhältnisse bis zum späteren Mittag. So verloren wir am Weg keine Zeit und fokussierten uns auf den Anstieg zum höchsten Punkt der Tour, den höchsten Straßenpass der Alpen, den Col de l'Iseran. Vorbei am bekannten Skiort Val-d'Isère ging es in den langen Schlussanstieg zum Pass auf 2764 Meter. Tour-de-France-Feeling kam auf, als wir immer mehr Rennradlern begegneten – und die Flügel des Morgens waren immer noch vorhanden: Als ob im Gravelbike ein Motor eingebaut gewesen wäre oder das Gepäck nichts mehr gewogen hätte, die Kilometer vergingen wie im Fluge. Am Pass angekommen, war der Trubel groß, die Freude aber noch größer. Denn wie schon der Urseren Höhenweg zum Furkapass oder die Pässe und Täler am Mont Blanc und vor allem später die Strada dell'Assietta: Auch dieser höchste Alpenpass gehörte zu den Orten auf meiner Bucketlist. Und jetzt waren wir da – heute würde ich das „Wir" noch viel größer sehen, schließlich wusste ich damals noch nicht, dass Johanna und ich bald zusammen durchs Leben gehen und nicht nur durch die Westalpen fahren würden.

Die folgende Nacht hätte dazu passender nicht sein können: Nach einer genussreichen Abfahrt ins bildhübsche Bonneval-sur-Arc und weiter im Maurienne-Tal an prähistorischen Felszeichnungen vorbei ging es mit französischen Köstlichkeiten gestärkt noch hoch zum Lac du Mont-Cenis – ein Ort mit nahezu keiner Lichtverschmutzung außerhalb des Straßenverkehrs über den gleichnamigen Pass. Und so konnten wir hier eine für mich erst selten dagewesene sternen-helle Nacht erleben – mitten in der Milchstraße. Der Himmel war voller weißlicher kleiner und großer Punkte, und ab und zu kamen ganz schnelle Pünktchen vorbei: Diese Sternschnuppen haben vielleicht schon gewusst, was noch passieren würde mit diesen zwei in die Höhe blickenden und staunenden Menschen?

Und da war ich wieder zurück im Moment, im Hier und Jetzt, direkt auf der Testa dell'Assietta nach meiner ersten Nacht wieder ganz alleine. Johanna war schon wieder fast zurück in der Heimat. Vor dem langen Anstieg hinauf auf den Colle dell'Assietta hatten sich nach der Abfahrt vom Lac du Mont-Cenis in Susa unsere Wege vorerst wieder getrennt.

Ganz so ausführlich wie jetzt gerade ließ ich mir die Erlebnisse der letzten Tage auf diesem Gipfel an der Strada dell'Assietta nicht durch den Kopf gehen, aber im Laufe der Kilometer auf dieser Highlight-Höhenstraße reichten die Panoramablicke von Pass zu Pass nicht nur bis zum Horizont. Meine Augen sahen weit darüber hinaus und träumten sich oft in die vergangenen Erlebnisse zurück. Und auch die nächsten Tage mit vielen Kilometern auf gut befahrbaren Straßen, die weniger Beachtung brauchten, gingen mir die vielen Eindrücke der letzten Tage durch den Kopf. Die konzentrierten Höhepunkte Tag für Tag, Stunde für Stunde, sogar minuten- und (milli-)sekundenweise in den ganz intensiven Momenten am Gletscher, vorm Gewitter oder erst gerade eben: die zuerst eher quälenden, dann überwältigend schönen Momente am Colle dell'Assietta und danach die bedrohlich-beängstigenden Erlebnisse in der Gipfelnacht – ich merkte, der Kopf war recht vollgefüllt mit verschiedenen Eindrücken in so kurzer Zeit.

Jetzt ging es also erst einmal an die Verarbeitung vom Arbeitsspeicher in Richtung Langzeitgedächtnis. Im Kopf musste erst einmal wieder Platz geschaffen werden – das fühlte sich nicht schlecht an, es war einfach anders, irgendwie gefilterter in der Wahrnehmung, auch wenn ich nicht sagen könnte, dass ich die folgenden Tage nicht genauso genossen hätte. Es scheint im Rückblick zwei Jahre später, als würden die Erinnerungen im Langzeitgedächtnis irgendwo hier etwas weniger intensiv werden. Der Arbeitsspeicher konnte die vielen Momente nicht so detailliert aufnehmen, wie noch zuvor – der Rechner war eher beschäftigt alte Fotos umzulagern als Neue zu empfangen. Zu dieser vereinfachten Metapher kommt als Erklärung sicher noch hinzu, dass ich die Halbzeit des Urlaubs schon überschritten hatte, zur Halbzeit aber bei weitem noch nicht die Hälfte der geplanten Strecke hinter mir hatte: Nach der Traum-Höhenstraße zurück in Frankreich fehlten im heutigen Etappenzielort Briançon noch 950 Kilometer, aber nur noch 6 von 16 Tagen waren übrig. Der elfte Tag stand also im Zeichen des Aufholens. So wechselte ich komplett in den Rennradmodus meines Gravelbikes und absolvierte zwei lupenreine 2000er-Tour-de-France-Pässe. Genuss mit Geschwindigkeit – so könnte ich diesen Tag knapp zusammenfassen, und doch wäre es zu kurz gesagt. Denn die skurrile Mondlandschaft am Col d'Izoard zog genauso wenig unbemerkt an mir vorbei wie die etwas versteckten Erdpyramiden hinter dem Col de Vars. Ich bemerkte, wie die Landschaft langsam mediterraner wurde und trocken-heiße Sommertage ihre Spuren hinterließen.

Noch markanter fiel mir das am nächsten Tag hinter dem letzten 2000er Pass auf. War es am recht waldigen Nordanstieg noch recht frisch und feucht, so wurde es in der Südabfahrt bald unangenehm warm. Sicher war das auch dem normalen Tagesverlauf geschuldet, aber auch die Vegetation spiegelte mein Empfinden wider – waren die mediterranen Anzeichen in der alpinen Höhe noch recht zaghaft, so war es später auf dem von karger Strauch-Vegetation begleiteten staubigen Fahrweg aus rotem Gestein über der tief eingeschnittenen Gorges de Daluis klar: es riecht nach Süden! Und tatsächlich roch es sogar auch schon nach Meer – so stark wie mir der Wind talauswärts entgegenblies. Schneller ging es dadurch nicht voran, aber die Vorfreude oder ein bisschen auch der Zeitdruck ließen mich nicht aufgeben. Ich war zwar nicht stärker als der Wind, aber ich kam an diesem Tag tatsächlich noch bis kurz vor Nizza – eine weiteres Traum-Höhenstraßen-Erlebnis inklusive.

So ganz konnte ich es also noch nicht lassen mit den Höhenmetern, und so baute ich auch gleich nach der Ankunft in Nizza noch eine

kleine Bergwertung ein. Es fühlte sich fast so an, als könnte ich gar nicht mehr anders. Im Bergauf-Bergab ging es weiter nach Monaco – und ich entschied endgültig, dass der Zielort meiner Tour Nizza und nicht Monaco sein sollte. Nicht nur der klingende Name Bregenizza, auch der fehlende Charme dieser extremen Bevölkerungsdichte im von französischen Siedlungen verschluckten Stadtstaat sprach für Nizza. Und es schien, als hätte mein Gravelbike zugestimmt: Schließlich hatte ich kurz nach dem Ziel in Nizza meinen ersten Platten auf der Transalp – es hat also pannenfrei die gesamte Bregenizza mit all ihren Herausforderungen durchgehalten.

Und nicht nur das Rad, auch ich selbst, mein Körper hatte durchgehalten – nie eine Selbstverständlichkeit. Ein überwältigend großes Gefühl von Dankbarkeit überströmte mich, als ich am Abend – schon wieder in Italien – am Strand dem Sonnenuntergang mit einer Flasche Bier zuprostete. Ohne Gesellschaft trank ich meine erfrischende Belohnung und doch war ich nicht allein: Im Kopf, mittlerweile schon etwas mehr verarbeitet im Langzeitgedächtnis, waren genug Eindrücke der letzten Tage, die mich nicht einsam sein ließen. Johanna, Patrick, meine Familie, Herta oder die vielen Bekanntschaften auf der Strecke – mit ihnen allen konnte ich Momente während meiner Tour erleben: mit Johanna gleich Tage voller Erlebnisse, mit einem ehemaligen französischen Radprofi, den ich am Ende der Strada dell'Assietta traf, nur ein paar Minuten im Erfahrungsaustausch – alleine fühlte ich mich jedenfalls nie, und doch war ich jetzt die letzten drei Tage noch auf mich allein gestellt: Über 600 Kilometer nach Hause! Ich sah es als Tüpfelchen auf dem i, als Zugabe, ohne Autoren-Augen zum Abschluss noch einmal Vollgas zu geben, aber auch als zwingenden Tour-Abschluss, als Notwendigkeit, bis zum Urlaubsende wieder daheim zu sein. Das Ziel war also klar, den Weg dorthin konnte ich mir auf drei Tage aufteilen. Würde mein Körper nun auch noch diese Steigerung der Anforderung verkraften? Genuss mit Geschwindigkeit – was seit Briançon schon ein Motto war, wurde jetzt noch einmal mehr zum Leitspruch für die restlichen Urlaubstage.

Aber den Genuss wollte ich dennoch nicht nur aus dem reinen Tempomachen entstehen lassen, egal wie sehr die Uhr tickte. Ich konnte mich noch nicht recht vom Mittelmeer verabschieden, so wählte ich die reizvollere, aber langsamere Küstenstraße. Das würde ich zeitlich schon trotzdem schaffen. Schließlich geben die vielen abwechslungsreichen schönen Erlebnisse ja auch viel Kraft – das sagten mir nicht zuletzt meine frischen Urlaubserfahrungen. Im Mountainbike-Hotspot Finale Ligure sprang ich ins Meer und suchte mir wenig später einen Schlafplatz, nochmals mit Meeresrauschen – so schön, seit zehn Tagen nun schon mit einer Ausnahme die Nächte draußen unter freiem Himmel zu verbringen. Die frische Luft war ein Kraftspender, auch wenn meine Wachhund-Funktion natürlich immer wieder Energie kostete. Hier am Meer allerdings überließ ich das den Campingplatz-Toren. Und auch am nächsten Abend in Mailand suchte ich den Schutz eines bewachten Zeltplatzes. So war ich wirklich optimal vorbereitet für die beiden langen letzten Etappen. Noch 500 Kilometer: auf Wiedersehen Mittelmeer, hinein ging es in die westlichen Ausläufer des Apennin. Es war mir nicht fremd, wieder Berge hochzufahren – ungewohnt war es danach: durch die Poebene ging es begleitet von riesigen landwirtschaftlichen Monokulturflächen kilometerweise kerzengeradeaus und brettleben entlang. In dieser Monotonie stachen die großen Städte mit ihren teilweise überraschend schönen Innenstädten heraus wie vereinzelte rote Mohn- und blaue Kornblumen in einem riesigen gelbbraunen Getreidefeld. Der Tag neigte sich langsam dem Ende zu. Mailand war mein selbstdefiniertes Mindestziel, um morgen eine realistische Chance auf ein Heimkommen nach Tirol zu haben. Und so gab ich nochmal ordentlich Gas, unweit von Mailand schließlich belohnt von einem wieder Relationen verschiebenden 5-Sterne-Moment: die Sonne ging direkt hinter dem markanten Mont Nery unter, 100 Kilometer entfernt und unweit von unseren zwei 3000er Pässen bei Zermatt. Mein Kopf beamte sich einmal mehr in die Erlebnisse von vor elf Tagen zurück und entspannte in den schönen Erinnerungen. 320 Kilometer an einem Tag, mehr als an den beiden letzten Tagen zusammengenommen – was für eine Abschlussetappe. An einem Tag zum Gardasee hin- und zurück aus Tirol, das war mein bisheriges Maximum – schon noch einmal mehr, aber im Vergleich zu heute auch ohne viel Gepäck und mit weniger Höhenmeter… Ähnlich wie schon an der Ligurischen Küste ließ ich mich aber nicht drängen und genoss am letzten Tag erst einmal Cappucino e Cornetto am Domplatz, ehe ich mir auch noch das Wahrzeichen von Mailand von innen anschaute. Eine altehrwürdige gotische Kathedrale mit beeindruckender Architektur – wieder ein ganz anderer Eindruck auf dieser Reise. Aber es war bereits kurz vor Mittag. Ich musste diesen Städtetrip beenden und wieder zurück in die Alpen. Entlang des fjordartigen Comer Sees kamen mir wieder Erinnerungen an den zweiten Tag am Vierwaldstätter See in den Kopf, wieder so ein kraftgebender Rückblick. Diesen See begleitete ich nun wirklich komplett von Süd nach Nord. Mit Rückenwind ging das angenehm und schnell. Ich fühlte mich in meinem positiven Denken bestätigt: Irgendwie wird eh immer alles gut, auch so eine Monster-Etappe – danke Wind für deine anerkennende Unterstützung!

Aber ich blieb doch auch Realist und sorgte noch rechtzeitig in Italien für ausreichend Proviant: zum Maloja-Pass hoch werde ich das hohe Tempo nicht halten, meine Kraftreserven werden zur Regeneration dann sicher etwas Nachschub brauchen und so spät wird es dort keinen offenen Supermarkt mehr geben. Und genau: die Sonne verabschiedete sich kurz vor der Passhöhe und ich stellte mich während meines Picknicks an meinem letzten Pass der Tour auf eine Nachtfahrt nach Tirol ein. Schließlich sollte ich nicht nur wegen des Urlaubsendes, auch wegen der nahenden Kaltfront unbedingt noch weiterkommen, und die Muskeln fühlten sich noch recht frisch und gut an. Motiviert ging es in der späten Dämmerung an den Oberengadiner Seen vorbei. Im hell erleuchteten Sankt Moritz war es dann schon dunkel. Jetzt war wirklich allergrößte Konzentration gefragt. Die Eindrücke dieser Nachtetappe waren sehr vom Gegensatz geprägt: hell erleuchtet die Fahrbahn vor mir, dunkel die Welt daneben, hell leuchteten die Sterne über den dunklen Engadiner Bergen. Hell kam dann auch bald der Mond zum Vorschein. Die Gegensätze wurden etwas schwächer. Trotzdem wurde es mit der Zeit immer schwerer, die Konzentration bei 100 % zu halten. Die innere Uhr ist gegen Mitternacht dann doch eher auf Schlafen eingestellt. Das Austricksen mit etwas Gehirnsport rund um die noch bevorstehende Strecke funktionierte aber noch recht lange: Wie hoch muss die Durchschnittsgeschwindigkeit sein, wenn ich in Landeck um 1 Uhr nachts ankommen will? Wie oft passt noch meine Lieblings-Feierabendrunde daheim in die restlichen Kilometer bis zum Ziel?

Keine Ahnung, keine Lust, keine Kraft mehr zu rechnen, kein Genuss mit der Geschwindigkeit, keine Kraft mehr in die Pedale zu treten – es war Zeit für einen Power Nap und einen letzten Energieriegel. Ich war schon über der Grenze in Österreich, aber auch kurz vor dem Ziel siegte die Vernunft. Und dann war wieder alles ganz leicht, wenn man davon absieht, dass kurz vor Landeck der umgeleitete Radweg mich noch einmal mit viel Rauf und Runter, Rechts und Links forderte. Aber dann war es plötzlich geschafft: Ich stand am Bahnhof von Landeck. Die Nacht-S-Bahn stand bereit und würde mich gleich nach Hause bringen – im Gepäck nicht nur ein neuer Schlafsack:

Abertausend neue Eindrücke und Erlebnisse, allein und mit herzensguten Menschen. Um Erfahrungen zu sammeln, um aus ihnen Kraft zu schöpfen, auch weitere Träume zu realisieren und Neues zu wagen, da sie bisher Geglaubtes relativieren und zeigen, wozu wir im Stande sind. Und um einmal mehr zu spüren, wie vielfältig das Leben ist, wie wir es genießen und dankbar sein können in jedem Moment: auch in denen, die nicht erzählt werden, die es nicht ins Langzeitgedächtnis schaffen oder die in „Genuss mit Geschwindigkeit" zusammengerafft abgespeichert werden oder nicht als 5-Sterne-Bewertungs-Moment hervorgehoben werden – danke!

# NACHWORT

Und jetzt? Haben dich die Kurzgeschichten motiviert, eine eigene Tour oder ein langersehntes Wunschprojekt umzusetzen? Wenn wir das geschafft haben, freut uns das. Bei uns findest du die richtigen Karten und Wanderführer für dein Projekt.

Die erzählten Outdoor-Erlebnisse in diesem Buch sind eine Auswahl, getroffen von der KOMPASS-Redaktion. Wir bedanken uns bei den Autorinnen und Autoren, dass sie diese mit uns teilen. Wie so oft werden Geschichten von Erzählung zu Erzählung spannender und unterliegen in der Auslegung der literarischen Freiheit. Die Gefahren, die zum Teil in den Erzählungen vorkommen, beschreiben Situationen, die uns als lehrreiches Beispiel davon abhalten sollten, Risiken einzugehen. Sämtliche Kurzgeschichten sind als reine Erzählungen und keinesfalls als Tourenvorschlag von KOMPASS zu verstehen. Eine Haftung für etwaige Unfälle oder Schäden jeder Art wird daher nicht übernommen. Geh also kein Risiko ein, denn du willst deine Geschichte schließlich noch erzählen können.

**EPILOG**

# GEDANKEN SPEICHER

Der Autor deiner Abenteuer bist du. Halte sie in unserem Gipfelbuch fest und mach deine Touren unvergesslich.

# WAS SAGST DU

Erzähl uns von deinen Abenteuern auf Instagram und Facebook mit:
**#folgedeinemKOMPASS**
Wenn dir unsere Outdoor-Erzählungen gefallen haben lass es uns und andere wissen. Rückmeldungen von Buchhandlungen und Online-Bewertungen schauen wir uns genau an und freuen uns über positive Kommentare. Dich hat etwas gestört? Bitte schreib uns eine Mail an:
korrekturen@kompass.at.

# INSPIRATION

### Inspiration

Es gibt Wanderführer, die dir zeigen, wie du an ein Ziel kommst. Dann gibt es Bildbände, die dir Ziele präsentieren. Dieser Bildband vereint beides. Die 40 Touren sind keine Vorschläge, die man sich für später vornimmt. Sie zeigen dir viel mehr was du verpasst, wenn du deinen Rucksack samt Kamera nicht heute noch packst.
DEIN AUGENBLICK DIE ALPEN

Weitere Augenblicke gibt es als Regionalführer für den Schwarzwald, Rund um München, Bayerische Alpen, Eifel, Sächsische Schweiz, Harz, Gardasee, Salzkammergut, Tirol, Südtirol und das Allgäu.

# IMPRESSUM

© KOMPASS-Karten GmbH
Karl-Kapferer-Straße 5, A-6020 Innsbruck
1. Auflage 2024 (24.01)     Verlagsnummer 1452
ISBN 978-3-99121-957-6

**KONZEPT UND BILDNACHWEIS**

**KONZEPT UND PROJEKTLEITUNG:**
Thomas Kargl (KOMPASS-Karten GmbH)
Vorwort und Textüberarbeitung: Wolfgang Heitzmann, Thomas Kargl
Lektorat: Laura Maehle
Text, Fotos und Karten (soweit nicht anders angegeben):
KOMPASS-Karten GmbH
Kartengrundlagen: Basiskarte und Daten von OpenStreetMap© und
OpenStreetMap Foundation mit der Verwendung folgender weiterer
Datenquellen: Land Tirol - data.tirol.gv.at, Map services and data available
from U.S. Geological Survey, National Geospatial Program

Titelbild:
Marokko, Barrage Mohammed V von Marie Hausmann
Grafische Herstellung: KOMPASS-Karten
Bildnachweis aufgelistet mit der Seitenzahl nach FotografInnen:
Marie Hausmann: von 14-47, sowie: 2/3, 6 oben links
Frank Hülsemann: von 48-77, sowie: 6 oben rechts
Heidi Kütterer: 78-107; sowie 4/5, 7 oben, 204
Fritz Bormann: 108-139, sowei 6 unten links
Johanna Stubauer: 140-169; sowie 6 unten rechts, 11, 203
Bernhard Elsner: 170-203, sowie 7 unten, 12/13
Patrick Schleppi: 193

#folgedeinemKOMPASS